JN085246

インプロがひらく〈老い〉の創造性

「くるる即興劇団」の実践

園部友里恵

新曜社

はじめに

私には2人の祖父、「じいちゃん」と「じーちゃん」がいます。

1人は、80歳を過ぎても現役で自営業の仕事を続けていたじいちゃん。じいちゃんは、テレビの健康番組やクイズ番組を見るのが大好きです。仕事引退後も、家の屋根に登って瓦を直したり、大きな脚立で足場を組んで庭木を整えたり。孫の立場からするととても危なっかしく、できればやめてほしいけれど、本人の「楽しみ」ならしょうがないかなぁとも思ったり。

じいちゃんとの最近の思い出のひとつに、運転免許証更新の際に75歳以上に課される「認知機能検査」があります。イラストが描かれたカードをたくさん見せられ、しばらく経ってからどんなカードがあったか書き出すというこの検査の「試験勉強」に、私は何度かつきあいました。どうしても更新をしたいじいちゃんは、この検査をとても気にしていました。以前この検査を受けたとき、合格はしたもののあまりうまくいかず悔しい思いをしたようです。私はどんな問題が出るのだろうと、じいちゃんの隣でスマホで検索してみました。どうやら、1枚のカードに4つのイラストが描かれたものを4枚、その場で計16のイラストを覚えなければならないようです。「こんなやつ?」とスマホの画面を見せると、「そうやそうや」とじいちゃん。この16のイラストカードにはパターンが4種類あり、試験当日にはそのどれかが出されるよう。「全部印刷してくれ」、そう言われて私はじいちゃんと一緒に近くのコンビニに印刷に行きました。別に満点をとる必要はないのです。しかしばあちゃんいわく、この日から計64のイラストが描かれた紙束の「問題集」を使ったじいちゃんの「試験勉強」が始まりました。

実は私は、じいちゃんに良い点数をとってもらうために「試験勉強」につきあったわけではありません。じいちゃんとイラストに文句をつけたり、ああだこうだ言ったりする時間がおもしろかったからです。「問題集」には「答え」が載っていないので、何と答えれば正解なのか、その「回答集」づくりからじいちゃんとの「試験勉強」は始まりました。刀や鉄砲など武器の絵がやたら物騒なこと、テレビがやたら古いタイプなこと、メロンかウリか判別しづらいこと、ドライバーで充分なのにじいちゃんは「マイナスドライバー」ときちんと答えたりすること。「問題集」から生み出されるじいちゃんとのやりとりや、じいちゃんの独創的な発想で、私はほんとうに笑いました。

もう1人は、私が大学生のときに脳梗塞で倒れ、今も半身不随と失語症とともに生活しているじーちゃん。脳というのはほんとうに不思議で、お医者さんによれば、じーちゃんは、ハサミの使い方はわかるけれど、「ハサミ」という名前を忘れてしまった状態とのことです。入院後、少し落ち着いた頃に病院にお見舞いに行ったとき、じーちゃんは私に何か話しかけてくれました。しかし、その言語はじーちゃんが今まで使ってきたものではなく、私はじーちゃんが何を言ったのか理解できませんでした。私が困惑したとき、じーちゃんは「あかんなぁ」と言いました。家に戻ってきてからも、そういうことが何度もありました。何かを伝えようとするけれど相手には伝わらず、「あかんなぁ」と言う。「あかんなぁ」は口癖のようになり、その後しばらくしてじーちゃんは、自分から話しかけるのをやめてしまいました。

久しぶりに実家に帰ってきて、驚いたことがあります。じーちゃんが、デイケア施設でリハビリを繰り返し、少しずつ喋れるようになっていたのです。少しずつといっても、「おう」とか「ほうか（＝そうか）」とか「おおきに」とか、そういった短いことばです。そして、右利きのじーちゃんは、左手でフォークをうまく使ってごはんを食べるようになっていました。老いるということは、「できなくなること」ばかりではない。そして、「できないこと」が「できるようになる」のは、やはり嬉しいのだなと思った瞬間でした。

じーちゃんと昔のように会話できなくなったのは残念なことかもしれません。うまく伝わらず歯がゆさを感じることもあります。もっとスッと言いたいことが伝わったり、じーちゃんが何を言いたいのかわかったりしたら、もっと会話が楽しくなるのに、と。けれど、今の関わり方も、同じように楽しいです。正確には、時間が経つにつれて、楽しいと思えるようになりました。それは、「昔のじーちゃん像」に固執することなく、今のじーちゃんと新たな関係をつくれたからだと思っています。「今日は寒いなぁ」――「おう」。「帰るわ」――「行くんか」。短いことばの会話もそれなりに楽しいし、伝わっているか確信をもてないなかでの会話もおもしろい。大人になってじーちゃんと手をつないで歩けるのも、じーちゃんがひとりで歩くのが危ないということがあったからです。

この本のテーマは「高齢者×インプロ（即興演劇）」です。自分の祖父とインプロをしてきたわけではありませんが、私が「くるる即興劇団」の皆とおこなっている高齢者インプロ実践には、祖父たちが影響していないわけではありません。２人の祖父は、それぞれ異なるやり方で「老い」と向き合ったり（向き合っていなかったり）しているように思えます。「老い」によって、今までできていたことができなくなったり、今までどおりできるままでいたいと努力したり、そして、できなくなったことによって別の何かができるようになったり。

私自身の問題意識として最も大きなものは、昨今の過剰な「健康ブーム」「認知症予防ブーム」は、私たちが安心して老いていくのを妨げるように働く場合もあるのでは、ということです。

実際くるる即興劇団にも、「健康」になるために、「認知症」を防ぐためにという動機でインプロを学びたいとやってくるひとも少なからずいますし、見学に来てくださったり実践報告を聴いてくださったりする方々は、そうした文脈でくるる即興劇団の活動を意味づけしている場合が少なくありません。しかし、くるる即興劇団の活動を、「健康」になるため・「健康」を維持するための活動という見方だけで捉えていいのでしょうか。

私は、「健康」が大切ということに同意する一方、「健康」であることを過剰に重視しすぎると、そうでないひとたちの存在が否定されてしまうのではないか、と不安になるときがあるのです。私はむしろ、「健康」であるか否かを問わず舞台に立ち、そうしたなかで垣間見える〈老い〉のパフォーマンスに惹かれてこの実践を続けています。

この本は、2018年3月に東京大学大学院教育学研究科に提出した博士論文「インプロ実践がもたらす高齢者の〈老い〉のイメージの変容――高齢者インプロ集団「くるる即興劇団」を事例として」をもとに執筆したものです。この論文では、インプロを学ぶことが高齢者の老いのイメージを変容させるのかを明らかにすることを目的としました。そして、くるる即興劇団におけるインプロ実践を通して、高齢者が舞台に立つことで起こる「学び」や、パフォーマンスのなかで〈老い〉がいかにあらわれ、いかに捉えられようとしていったのかを描き出しました。

これまでの教育学では、「できるようになること」「わかるようになること」を「学び」と捉えるがゆえに、老いに伴い「できなくなってゆく」高齢者は、教育学の対象として充分に捉えられていませんでした。インプロには、事前に覚えるべきセリフも正しい動作もありません。共演者とともに、その場で物語を紡いでいきます。インプロは、「セリフを覚えられない」「流暢に話すことができない」「複雑なことを理解することができない」「自由に身体を動かすことができない」高齢者も包摂する可能性を秘めており、老いるからこそできる表現のおもしろさを私たちに教えてくれます。こうした高齢者インプロ実践が、たとえ「健康」でなかったとしても、「要介護状態」や「認知症」になったとしても、安心して他者と関わりながら生活していけるような社会のあり方を考えるための一助となることをめざし、日本初となる高齢者インプロ集団「くるる即興劇団」を結成し、アクション・リサーチをおこなってきました。

この本の構成は次の通りです。

第1章では、老いることとインプロをめぐる背景や問題意識を述べています。現代社会における「老い」、そして高齢者の学習や演劇がいかに捉えられているのかを整理し、老いを関係論的に捉える可能性を指摘しています。また、老いを関係論的に捉えるための演劇実践として「インプロ」に着目し、インプロ実践の多様な広がりに加え、私自身のインプロとの出会いや「高齢者×インプロ」のはじまりについて紹介しています。

第2章では、高齢者インプロ集団「くるる即興劇団」がいかに生まれいかに展開してきているのか、という実践の概要とプロセスについて述べています。

第3章では、くるる即興劇団のインプロのパフォーマンスのなかで「老い」がいかにあらわれ、いかにとりこまれていくのかを描いています。

第4章では、劇団員同士の関係性に着目し、脳梗塞後遺症による半身不随と失語症をもつ劇団員トシちゃんという存在を、他の劇団員がいかなるものと捉えたのか、そして活動をともにするなかで彼の存在の捉えや関わり方がいかに変容したのかを検討しています。

第5章では、この本のまとめとして、ファシリテーターをつとめてきた「高齢者でない私」の立場から、高齢者インプロ実践のおもしろさとむずかしさについて、「呆け防止」をはじめとする「老い」に対する向き合い方の変化に焦点を当てて記述しています。また、インプロを学ぶことが高齢者の老いのイメージを変容させるのかという問いをめぐって、「関係論的な学び」「支援・被支援関係の固定化」という概念をもとに考察しています。

この本は、「インプロを多くの高齢者に」「インプロをやれば『問題』解決！」という〝インプロ普及本〟でも、高齢者インプロのゲーム集・実践マニュアルでもありません。というよりは、インプロと〈老い〉をめぐって複雑に入り混じる様々な思いや活動の変遷を、可能な限りそのまま伝えたいということを大切にしながら執筆しました。

この本が読者として想定しているのは、これから「老い」を本格的に迎えようとしているひと、そしてそうしたひとと関わっているひとです。この本を通して、くるる即興劇団の劇団員の姿から、「老いることは怖いことではないのかもしれない」と思っていただけるのなら、それ以上嬉しいことはありません。

目　次

第1章 〈老い〉とインプロ

1 老いとは

老いを感じるとき

老いを感じることはありますか？　どんなときに老いを感じますか？

私が初めて「老い」を感じたのは、20代後半だと思います。その頃から、それまでなんてことなかった数日間にわたる徹夜での論文執筆ができなくなりました。あぁ、体力が落ちてきているのだなぁ、と思いました。引っ越しで重い荷物を運び、数日後に筋肉痛になったとき。今まではちょっと動いただけでは筋肉痛にならなかったし、なったとしても翌朝にはなおっていたのに、あぁ、筋肉の反応が鈍ったのかなぁ、と思いました。約束をすっかり忘れてしまい、スケジュール帳が手放せなくなったとき。あぁ、そろそろ自分の記憶力に頼れなくなったのかなぁ、と思いました。

「できなくなった」と認識したとき、老いたなぁ、と感じる。そのため「老い」には、どこかネガティヴなイメージがつきまといます。

「老い」は誰にでも訪れるものなのに、「老い」ということばと結びつけられやすいひとたちがいます。それが、「高齢者」と呼ばれるひとたちです。一般に、今の日本では、65歳以上のひとが「高齢者」と呼ばれます。日本の高齢化率は世界一で、28・4％（２０１９年10月1日現在、内閣府『高齢社会白書（令和2年版）』参照）となっています。そうした超高齢社会の日本で、しばしば話題にのぼることばが「健康寿命」です。健康寿命とは、同白書では「日常生活に制限のない期間」と説明されています。近年、「平均寿命」に代わり、この健康寿命の大切さを強調する言説を多く見聞きするようになりました。ただ「長く」生きればいいのではなく、「〝健康に〟長く」生きることが求められているように感じられます。

また、「認知症」も話題になることばです。同白書（平成29年版）によれば、２０１２年の認知症高齢者数は高齢者の約7人に1人の割合でしたが、２０２５年には約5人に1人になるとの推計もあるといいます。そうしたなかで、認知症は「国民病」、という言説も登場し、「健康ブーム」と相まって「認知症予防」ということばも頻繁に見聞きするようになっています。

「老い」につきまとうネガティヴなイメージは、「老い」ということばと結びつけられやすい「高齢者」と呼ばれるひとびとの存在にもつきまといます。昨今、ひとびとが必死で「健康づくり」「認知症予防」「介護予防」に取り組むのは、「老い」に対してネガティヴなイメージをもっているからではないでしょうか。

哲学者の鷲田清一は、「生きるということは日々老いるということ」、ひとはそもそも「単独で生きることができないということ」から、老いは特別なことでも「問題」であるとも思わないとし、「問題なのは、それじたい「問題」ではない〈老い〉が、わたしたちの社会では「問題」として浮上してこざるを得なくなった」ことであると述べています。老いを「問題」としてしか捉えられなくなった社会の背景にあるのが、「生産力主義」です。生産力主義とは、「ものの価値をその生産性から測る、あるいは〈いのち〉の本質を生産にみる」という見方であり、そこでは「「若さ」がその活力において愛でられ、〈老い〉は遠ざけたいもの、回避したいものとされる」といいます[1]。

こうした「老い」にネガティヴなイメージを付与してきた生産力主義的な価値観は、今の社会においても蔓延っているのではないでしょうか。

老いと学習――「健康」状態による分断と「支援・被支援関係の固定化」

今の社会において、高齢者の「学習」といういとなみは、いかなる意味づけがなされているでしょうか。社会教育学者の堀薫夫は、「ポジティヴ・エイジング」という概念を提示し、「教育（education）の本来の意味が「人間の可能性を開く」ことであり、たとえ高齢期を迎えたり障害を受容せざるをえなくなったとしても、その可能性を開くという行為それ自体においては、われわれは平等でなければならない」とし、「老いのネガティヴな側面を包み込めるだけのポジティヴィティ、あるいは衰えるがゆえのポジティヴさという視点を摘出する作業が求められている」と述べています[2]。さらに、堀は、「福祉」や「保護」ではなく、「教育」「学習」、あるいは「活動者」「生活者」の視点から高齢者の人生・生活を捉えることでよりポジティヴな変化を喚起させ、「たとえ依存的な状況であったとしても、どこかでリハビリテーションの段階をこえて自己を高め、周囲の者との共同性の場をより豊かなものにしようとすることにこだわってもいいのではなかろうか」と論じています[3]。

しかし実際には、教育学研究をみると、その対象の主流は子どもや学校教育であり、高齢者を対象とした研究は決して多くはありません。社会教育・生涯学習研究においてみられる高齢者の学習に関する研究も、その主たる対象はいわゆる「健康な高齢者」です。

「健康」であることが重視される社会において、「老い」は避けるべき対象となります。そして、そうした価値観は学習の領域にもあらわれてきます。すなわち、「脳トレ」に代表される、「老い」に抗うためのトレーニングとしての学習です。「健康」でなくなるのを予防するために学習する、といった意味づけがなされているようです。そして、介護予防のための学習の場には、既に介護状態にある高齢者、「健康でない高齢者」の参加は想定されていません。では、「健康でない高齢者」は、ほんとうに学習「できない」のでしょうか？　「健康」状態を問わず、様々な身体的・認知的特性をもつ高齢者たちがともに学びあえる学習の場をつくることはできるのでしょうか？「ともに学びあえる」ということを考える上で着目したいことがあります。それは、「健康」状態によって関係性が固定化されてしまうことです。たとえば、介護が必要になるのを「予防」し周りの高齢者を支える役割を担う「健康な高齢者」と、その支援を受ける「健康でない高齢者」という構図。この本では、この構図を「支援・被支援関係の固定化」と呼ぶことにします。この「支援・被支援関係の固定化」は、「健康でない高齢者」の学習の場への参加を阻むことへとつながってしまうと考えられます。

具体的には、たとえば次のようなことが起こっていませんか？　支援者となる「健康な高齢者」は、「できないから助けなきゃ」と働きかけます。被支援者となる「健康でない高齢者」はそうした関係のなかで受動的な存在となり、自分がいることで周りのひとに迷惑をかけているのではないかなどと不安を抱き、自身の「できないこと」「できなくなったこと」（＝「老い」）をポジティヴに捉えることができなくなってしまいます。また、支援者となる「健康な高齢者」も、「自分はああいうふうにはなりたくない」と被支援者の「健康でない高齢者」の存在を捉え、「老い」にネガティヴなイメージを付与し、それに抗おうと努力し始める場合もあります。そうした構図とその強化が、「老い」をネガティヴなものとして捉え続ける限り起こってしまうと考えられます。

無論、「健康」であること、「健康」になるために努力することが私たちの生活を豊かにするのは間違いありません。しかし、「健康」が過剰に重視される社会では、既に「健康でない」高齢者や、自身の「健康」状態に不安を抱える高齢者は、「健康でない」ことに後ろめたさを感じ、生きづらさを抱くようになってしまうのではないでしょうか。「老い」に対してネガティヴなイメージしか付与されない社会で、誰にも訪れる「老い」を生きなければならない私たちは、はたして幸せに生きていけるのでしょうか。「支援・被支援関係の固定化」が生じない学習や活動の場は、どのようにしたら生まれるのでしょうか。

個体論から関係論へ

「老い」に付与されるネガティヴなイメージを、ポジティヴなものへと変えていくにはどうすればいいのか。この課題に対してこの本が着目するのは、関係論的アプローチです。まず、社会学者・小熊英二の論考[4]を参照し、個体論・関係論という用語の意味を概観します。

個体論とは、あらかじめ「私」や「あなた」があり、それが相互作用するという考え方です。個体論は、「主体があって客体を認識する」という、近代の基本的な考え方です。近代的な考え方では、どちらが正しいか、あるいはどちらも間違っているとしても、どこかに正しい「真実」があって、それを人間は把握できるとされます。これは、「私」と「あなた」を正確に観測すれば、その相互作用として世界を把握することができる、という考え方を前提にしたものだからです。

それに対して関係論とは、まず「関係」があり、その関係のなかで「私」や「あなた」が事後的に構成されてくるという考え方です。「主体があって客体を認識する」という近代的な考え方の成立を問うたのは、現象学という学問でした。現象学では、「私」も「あなた」も日々変化していることから、それらの永遠不変の「本質」を正確に観測することは不可能であり、見えるのは、そのときそのときにこの世に現れた（現象した）姿のみである、という考え方をします。関係論では、主体や客体が関係のなかで事後的につくられ、また関係が常に変化を繰り返すことから、それに伴い、「私」も「あなた」も変化を繰り返していくものと考えていきます。

こうした個体論・関係論、それぞれの見方から老いを捉えると、どのようなことが言えるでしょうか。これまで老いがネガティヴなものとして捉えられてきたのは、老いに対して個体論的な見方をしていたからではないかと考えられます。たとえば、今まではできていたことが「できなくなった」と感じたとき、私たちは自分の身体に訪れた「老い」を認識します。このように、老いは、自身の身体・認知能力の「低下」や「喪失」という文脈で認識されるため、「老い」にはネガティヴなイメージが付与されてしまうと言えます。そして、ネガティヴな「老い」はまさに「私」のなかにあり、「あなた」との相互作用がうまくいかないのは、そうした「老い」をもってしまっている「私」のせいだ、というように。

では、老いを、関係のなかにあらわれるものと捉えてみたらどうでしょうか。そうすると、個体に訪れる「老い」、すなわち「できないこと」「できなくなること」がどのように認識されるかは、そこでの関係によって事後的に構成されるということになります。たとえ、個人の身体には「できない」「できなくなった」などとネガティヴな変化が訪れていたとしても、そこにある関係が老いをポジティヴに捉えられるようなものであれば、ひとびとの老いへのネガティヴなイメージが払拭され、ポジティヴなイメージへと転換していくのではないでしょうか。そして、老いのイメージがポジティヴになることによって、そこの関係のなかにいる「私」は、「私」の身体に訪れた「できなくなった」ことを受け入れ、新たな「私」を構成することにつながるのではないでしょうか。

関係論的なアプローチによって「学び」といういとなみを捉えた人物として社会教育学者の牧野篤を挙げることができます。牧野は、学びとは「知的資源の分配と所有」を意味するものではなく、「人々が相互の関係性つまり〈社会〉において、相互に影響を与え合い、相互に変容しあいながら、自らの生活を自らの意志でつくりだし続けること、そのプロセスそのものが生きるということであり、生きることそのものが〈社会〉であるようなあり方」であると述べ、このことを〈学び〉と呼びます。そして、〈学び〉は、個人の存在を、「個体としての物質的な存在」から〈関係態〉へと移行させるといいます[5]。牧野のように学びを捉えていくことは、個体論的に捉えられてきたことによって学ぶ存在と捉えられてこなかった高齢者をも、学ぶ存在として捉え直していくことに結びつく可能性を秘めています。

2　インプロ（即興演劇）への着目

老いが「問題」として捉えられてしまうのを変えていくためには、「関係」という視点が鍵になることをみてきました。私は、インプロを「関係論的な学び」と考えています。ここでは、インプロとは何か、その多様な広がりと、私自身がインプロといかに出会い、なぜインプロを学び続けているのか、インプロと「高齢者」をいかに結びつけるようになったのか、といったことについて述べていきます。

インプロとは

インプロとは、脚本も事前の打ち合わせもないなかで、その場で起こったことに目を向けながら共演者や観客とともに物語を生み出していく即興演劇のことです。演劇は、そもそも即興的な要素を含みつつ発展してきましたが、近代以降、脚本演劇が主流となり、即興は主に俳優訓練の手法として活用されるようになりました。それに対して20世紀半ば、即興演劇をそのまま舞台で上演する動きが英米で生まれ、演劇の形態のひとつとして発展してきました。こうした取り組みが「インプロ」（イギリスでは「impro」、アメリカでは「improv」と表記）と呼ばれるようになり、世界各地に広がっていったのです。

今日のインプロの実践を概観すると、大きく分けて3つの目的でおこなわれていると考えられます。1つ目は、インプロを上演すること。インプロの発展してきた英米においては、テレビでインプロ・コメディ番組が放送されたり、インプロ専用劇場があったり、ライブハウスなどでインプロのショーが多くおこなわれていたりします。日本に比べ、インプロがひとつの芸術ジャンルとして定着していると言えます。2つ目は、俳優養成のためや、脚本のある演劇の作品創造過程において活用すること。俳優養成機関でのカリキュラムにインプロが位置づけられていたり、劇団などが、俳優同士の関係構築のためや脚本の創作過程でインプロを用いたりすることも少なくありません。3つ目は、演劇とは直接関係のない他の目的のために活用すること。学校や地域、企業など、様々な教育・学習場面において、創造性やコミュニケーション、チーム・ビルディングを育むための道具・手法としてインプロが用いられています。

インプロとの出会い

私が「インプロ」ということばを知ったのは、2008年、大学3年生の冬です。教育学部小学校教員養成課程の所属だったので、「教育」と、関心のあった「演劇」とで何か卒業研究ができないかと思い、この2つのキーワードをもとに文献を漁っていました。そこで「インプロ」に出会ったのです。初めて読んだインプロの本は、高尾隆さんの『インプロ教育——即興演劇は創造性を育てるか？』（フィルムアート社、2006年）でした。私は実際にインプロを体験してみたいと思い、高尾さんが共同主宰をつとめるインプロ劇団「即興実験学校」のワークショップに申し込みました。

当時の即興実験学校のワークショップは、東京、池袋駅近くの公共施設内の和室で朝から夕方まで様々なクラスがおこなわれていました。私は最初、午前中のクラスに参加したのですが、そのワークショップにとても惹かれ、そのまま午後のクラスまで参加させてもらった記憶があります。では、何に惹かれたのか。そのキーワードを挙げると、①怒られない、②サポーティブ（協力的）、③「理論」がある、の3つになると思います。

当時、脚本演劇をやっていた私は、「エチュード」というかたちで即興演劇をやることがありました。しかし、この「エチュード」は私にとって理不尽極まりないものでした。演出家や劇作家に、不明確な基準によって評価・吟味される。怖くて誰も動かないから何とかしようと自分が演技を始めたら、怒られ、酷評される。そして、関与しなかったひとがその難を免れる。その結果、何とかしようと動いたひとは「やらなければよかった」となる。ことばを換えれば、それまでの私は、「がんばったひとが損をする」つらさを即興演劇に対してもっていました（私の体験してきた「エチュード」が「ほんとうの」エチュードなのかはわかりません）。

即興実験学校で体験したインプロは、こうした点が大きく違いました。インプロにおける演出家（ワークショップの場合はファシリテーター）は、演者（参加者）を評価し、「正しく」導くためにそこにいるのではない、という感じを受けました。また、インプロの演出家（ファシリテーター）や演者（参加者）たちはとてもサポーティブ（協力的）で、シーン（インプロにおいて、即興でおこなわれる場面のこと）やゲームのなかで困っていると助けてくれました。そういった意味でも、「がんばったひとが損をする」という即興演劇のイメージは壊れていきました。そして、うまくいかなった場合には、なぜそうなるのかが「理論」的に説明されました。「ゲームして楽しんで終わり」ではない深さを感じたのも、その後インプロを学び続けるきっかけになりました。

２００９年の年明け頃から、ちょこちょこと即興実験学校のワークショップに通い始めました。即興実験学校では、２０１０年から定期公演（ショー）をおこなうことになっていたようでした。私もそのメンバーとして参加させてもらうことになり、阿佐ヶ谷の小さなライブバーで月１回の定期公演が始まりました。

ワークショップには毎回いろんなひとがやってきて一期一会的に共演する楽しさがありますが、公演は同じメンバーで続け、積み重ねる楽しさがあります。今でもよく覚えていますが、初めてインプロの舞台に立った夜、布団に入っても全く眠れず朝を迎えました。こんなにも「誰かに見られる」のは怖いのかと感じたのはこの日が最初だったと思います。もちろん、ワークショップでも「誰かに見られる」のに変わりなく、そうした経験を積んできたはずです。しかし、「舞台」という場に立ち、「お客さん」と呼ばれるひとたちに一方的に「見られてしまう」ことが伴うと、ワークショップでできていたことや楽しめていたことが、全く変わってしまったのです。

もうひとつ、私のインプロの世界を広げてくれた経験が、インプロを教えるということです。

２０１０年の夏頃から、いわゆる「ファシリテーター」もやらせてもらうようになりました。一応、教員養成課程を出ていますし、教育実習や学校ボランティアなど、一般の大学院生よりは「教える」という経験を積んできました。しかし、インプロワークショップのファシリテーターは、私にとって全く新しいものでした。

まず、教える内容が決まっていないこと。参加者の様子や雰囲気を感じとりながら、その場で何をやるか決めていきます。しかし、誰が来るかもそのときにならないとわからない……。参加者が「○○を学びたい」と直接伝えてくれる場合もありますが、そうでない場合のほうが多いです。そして、どのように教えるかということ。自分が教える立場になって初めて、あぁ私はワークショップに参加し続けてきたけれど、ファシリテーターの動きは全く見ていなかったんだと気づきました。ゲームのやり方の説明ではどんなことばを使っていただろう、部屋のどのあたりで説明していただろう、シーンを止めるときには何をきっかけに止めていただろう、など。今までの私は、ゲームの「ルール」（やり方、手順）はたくさんメモしましたが、それ以外のことは全く気にも留めていなかったのです。そして、何を教えるのか、どのように教えるのか、に対するマニュアルや、こうすればうまくいくという「正しいやり方」もない……。インプロを教えることはとても大変で難しいけれど、そのぶん長い時間をかけて探究する価値のあるように私には映りました。

インプロの舞台に立つことと、インプロを教えること。おそらくこの２つの経験があったから、私はその後もインプロを学び続けているのだと思います。

キース・ジョンストンのインプロ

インプロとは、どのような考え方のもとおこなわれているのでしょうか。イギリス出身の演出家・劇作家であるキース・ジョンストン（1933-）は、インプロの創始者のひとりとされる人物です。即興実験学校のインプロは、ジョンストンのインプロがベースとなっています。私自身も、2012年にカナダ・カルガリーへ、2014年と2018年にイギリス・ロンドンへ、ジョンストンのワークショップを受けに行きました。ここでは、ジョンストンのインプロの特徴について整理していきます[6]。

ジョンストンが初めてインプロをおこなったのは、1956年、ロンドンの劇場「ロイヤル・コート・シアター」における劇作家グループの活動のなかでした。劇作家グループは、議論ばかりで退屈さを生み出していました。そこでジョンストンは、実際に行動に移せないことを話し合うのはやめ、すべて実際に演じてみようと提案したのです。そして、この劇作家グループがインプロをおこなう集団として機能していきました。その後、ロイヤル・コート・シアターのスタジオで俳優に演技を教える仕事をし始めたジョンストンは、そこでも議論せず実践するという劇作家グループの方針を援用し、インプロのゲームをさらに開発していきました。やがてジョンストンは、クラスでおこなわれていることがほんとうにおもしろいのかを確かめるために、実際に観客の前で上演し始めました。こうしてインプロ劇団「シアター・マシン」が生まれ、俳優のトレーニングとしてだけでなく、インプロ自体を上演するという動きが生まれていったのです。

ジョンストンの実践方法論の主目的は、「人がもともともっている創造性や表現力を引き出す」ことです。「自由な創造性や表現力を検閲する恐怖をなくしていく」こと、そのために「ゲームを中心としてストレスのない学びの空間で学ぶ」ことに実践方法論上の特徴があります。

ジョンストンは、子どもを「未成熟な大人」ではなく、大人を「萎縮した子ども」と表現し、子どもの頃にはすべてのひとがもっていた創造性が、教育を受け大人になるにつれて失われていくと考えています。そしてインプロは、ひとびとに創造性を与えるのではなく、そもそもすべてのひとがもっていた創造性を、「自然発生」(spontaneity) と「想像」(imagination) をキーワードとして取り戻すことをめざしていきます。創造性を抑制するのが「社会的こころ」(social mind) です。社会的こころは、「失敗への恐れ」「評価への恐れ」「未来・変化への恐れ」「見られることへの恐れ」などの「恐れ」を生み出し、自然発生を抑えてしまいます。そして恐れは「検閲」をもたらします。検閲とは、自分のなかに自然発生的に生まれたアイデアを、表現する前に自らチェックすることを指します。この検閲という機能が働くことで、私たちは次第に表現するのが難しくなってしまうのです。

そこでジョンストンは、社会的こころが恐れと検閲を生み出すのを止めるためのゲームを多く開発しました。「ふつうにやる」「がんばらない」「独創的にならない」「あたりまえのことをする」

「賢くならない」「勝とうとしない」「自分を責めない」「想像の責任を取らない」といったことや、「相手が良い時間を過ごせているか」を互いにフィードバックしあいながらインプロをおこなうことを重視しています。

ジョンストンがインプロを教えるときも、事前にプログラムがつくられているわけではなく、即興によって進められていきます。ジョンストンは、今ここで起きていることを見て、学習者をいかに刺激し、学習者に良い時間を与えられるかを考えながら教えています。ジョンストンは、教師の仕事とは、学習者が失敗しないようにすることではなく、何度でも安全に失敗できるようにすること、できるようになるための補助的なステップを準備することだと考えています。そして、教師自身が楽しみ、失敗し、また学習者が失敗したとしても責めないことで、学習者が失敗してもいいと思えるような場をつくっています。

3　インプロと高齢者

なぜ「インプロ×高齢者」なのか

「インプロ×高齢者」の実践に初めて携わったのは、2013年、大学院博士課程2年生の冬です。私の所属するのは「社会教育学・生涯学習論研究室」、学校外の様々な場での教育や学習について研究するところでした。指導教員の牧野篤先生は、日本各地で「くるるセミナー」という生涯学習セミナーを開催していました。そしてちょうどこの頃、千葉県柏市と連携し、豊四季台団地で「豊四季台くるるセミナー」を本格的に始めようとされていたのでした。「園部さん、インプロの講座やらない？」とご提案いただき、なんとなく、「インプロ×高齢者」の実践を始めるようになったのです。

この頃、私は「高齢者演劇」に関する調査をおこないました。その調査とは、「高齢者と演劇」がいかに語られてきているのかを、新聞の分析から明らかにするものでした[7]。大手3紙の新聞データベースから「高齢者と演劇」をめぐる記事を収集し、その内容を詳細にみていくと、これまで高齢者が受動的な「観客」として位置づけられてきたこと、高齢者が自ら上演する活動の主なねらいが「健康づくり」「関係づくり」「生きがいづくり」であったこと、それに対して近年、高齢者だからこそ可能な表現を追求した作品創造活動（「シニア演劇」）がひとつの演劇スタイルとして確立されつつあることがわかりました。しかし、「シニア演劇」の主体はいわゆる「健康な高齢者」であり、そうでない高齢者は受動的な存在のままでした。

こうしたことがわかってきたとき、私は、インプロが「健康」か否かを問わず、様々な身体的・認知的特性を有する高齢者が一緒におこなえる活動となり得るのではないか、と考えるようになりました。

そう考えた理由は、インプロが高齢者にとって比較的取り組みやすい演劇形態だと思ったからです。たとえば、他者とともに即興的に物語を生み出していくインプロには、事前に暗記しておくべきセリフもなければ、演出家に決められた「正しい」動作もありません。また、インプロは、その実践方法論が「ゲーム」という形式で蓄積されてきました。特に演劇経験のないひとにとっては、いきなり舞台に上げられて即興で演劇をせよというのはハードルが高く感じてしまいます。しかし、インプロには、他者と関わりながら演劇をつくっていくための手助けとなるゲームが多くあり、参加者はゲームを楽しみながら、負担なく物語を紡いでいくことができます。したがって、いわゆる一般の演劇（脚本のある演劇）と比べ、インプロは、演劇経験のない高齢者や、「健康」状態、特に自身の認知能力や身体能力に不安を抱える高齢者であっても、比較的取り組みやすい活動なのではと考えるようになりました。

アメリカの先進的事例に学ぶ

インプロがあらゆる高齢者を包摂し得る演劇活動になり得るのではないか。そのように考え、くるる即興劇団を始動した2014年頃、日本には高齢者インプロ集団も、高齢者がインプロを継続的に学ぶ実践の場も、調べた限り見られませんでした。そこで知ったのが、様々な領域で「高齢者インプロ」に取り組むアメリカの実践者たちの存在でした。

①バーバラさんから学んだこと――「高齢者インプロ」クラスとパフォーマンス集団の運営

私の「高齢者インプロ」の先生は、サンフランシスコのインプロカンパニー「BATS Improv」

写真① バーバラさんのファシリテーション

のバーバラ・スコットさんです。バーバラさんと出会ったのは、2013年春。その少し後、インプロ仲間の木村大望さんが、バーバラさんが高齢者対象のインプロワークショップをおこなっていると教えてくれました。バーバラさんが教えに行っていたのは、サンフランシスコの隣町・オークランドにある非営利の高齢者パフォーミングアーツスクール「Stagebridge」（1978年設立の、アメリカで最も古いシニアシアターカンパニー）です。私は、2014年8月、2015年2月、2016年3月、2017年2月に、Stagebridgeのインプロクラスを見学させてもらいました。難易度別に3種類のクラスがあり、それぞれ15人前後、60代後半〜70代前半のひとが中心（最高齢82歳）でした。

当時、「高齢者」と呼ばれるひとたちにどうやってインプロを教えようかと悩んでいた私に、バーバラさんは次のように教えてくれました。

受講者の理解を確実なものにするために、ほんの少しだけゆっくり進めたり、多めに繰り返したりしています。だけど、彼らは、私に高齢者扱いされたくないとも思っています。［2014年8月2日、バーバラさんへのインタビュー。筆者訳］

この「ゆっくり」と「繰り返し」は、くるる即興劇団でも意識的におこなうようにしています。それは必ずしも、ゲームのルール説明など、皆の前で話す際にゆっくり繰り返しながら、という意味だけではありません。たとえば、バーバラさんが1回のクラス（約90分間）のなかで扱うゲームや活動は、多くても2、3種類しかありません。同じゲームを、小グループのメンバーを入れ替えながら何度も繰り返していくのです。こうした進め方をとることで、参加者は実際に何度もやってみることになるので、ことばによる説明だけのときよりも学びが深まるようです。また、小グループのメンバーを変えることは、「相手が変わればそれに伴い自らの表現も変わる」という参加者の気づきを促すことにもつながっていきます。

バーバラさんは、高齢期の身体の状態にも配慮してゲームや活動を選択しているとも言います。たとえば、若い世代にインプロを教える際には、ソフトバレーボールを使ったウォーミングアップをおこなうけれど、高齢者にはそうした転倒の恐れのある動きのものはやらない、というように。

写真② 2人組で行うゲームの様子（立つ組も座る組も）

若いひとのクラスと比べると、高齢者のクラスは座って話す時間が長くなります。(…)いつも、彼らが疲れすぎていないか、身体の状態に注意を払っています。［2015年2月4日、バーバラさんへのインタビュー。筆者訳］

実際、このとき見学したクラスのなかにも、両手に杖をつき教室に入ってくるひとや、足乗せ台を持参するひとがいました。そして特徴的だったのは、バーバラさんが参加者に対して「疲れたら座ってもいい」という声かけをしていないにもかかわらず、参加者が自分の身体の状態に合わせて自由にゲームや活動への参加のしかたを変えていたことです。こうしたことが可能となるには、座りたいと思ったときにすぐに座れる位置に椅子が置かれているという物理的環境はもちろん、他の参加者の大半が立っているなかで自ら座ることを選択しても活動への参加が認められると思える心理的環境が整う必要があると考えられます。バーバラさんは、様々な身体の特性をもつ参加者に対し、無理なく参加できるようなゲームや活動を選ぶのみならず、本人にとって無理のないやり方での参加が可能となるような環境を整えていたのです[8]。

②ミンディさんから学んだこと――高齢者介護施設におけるインプロ

2015年、BATSのサマークラスに参加するためにサンフランシスコに滞在していたとき、コーチのレベッカ・ストックリーさんに、BATSのクラスのなかに高齢者とインプロをやっているひとがいると教えてもらいました。介護施設に勤めるミンディさんというひとです。レベッカさんがミンディさんにつないでくれたことで、私はその後すぐにミンディさんの職場の介護施設の見学をさせてもらえることになりました。

その介護施設は非常に大規模で、サンフランシスコ近郊にいくつも施設をもっていました。この施設の特徴は、アクティビティ・ケアのプログラムが非常に充実していることです。アクティビティをおこなうための部屋も複数あり、音楽、ダンス、絵、工作、園芸など、いろいろな専門をもつ講師が多く勤めていました。ミンディさんは、そうした多様なアクティビティ・ケアを統括するコーディネーターをしており、また彼女自身も、インプロの要素を取り入れたストーリーテリングのアクティビティを、施設利用者たちと日々実践していました。

ミンディさんの実践のなかで、非常に印象に残っているものがあります。それは、認知症フロアで暮らす利用者とおこなうインプロを用いた「認知症メモリーケア」の実践です。その日は、ソファやピアノなどいろいろなものが置かれた広いオープンスペースでおこなわれました。時間になると、スタッフさんとともに利用者さんが集まってきます。ほぼ全員が車いすでやってきました。この日は8人くらいの参加があり、スタッフさんと一緒に参加するひともいました。

おこなわれたのは、インプロでもよく用いる「むかしむかし」のフォーマットを使った活動。「Once upon a time（むかしむかし）…」「And everyday（毎日毎日）…」「But one day（ところがある日）…」というように、冒頭の言い回しが決まっていて、その後に文章をつけ足してひとつの物語を完成させるものです。よくおこなうのは、1文つくって隣に回すというように、何人かで協働して物語をつくるやり方です。ミンディさんが「Once upon a time」と言うと、ある利用者さんが「in a city by the sea」と言いました。発言はそのつどホワイトボードに記録されます。どうやら、発言者の順番は決まっていないようです。「in a city by the sea」の後、ミンディさんは「there was」と言います。すると、また同じ利用者さんが「a little dog」とつけ足しました。何回も発言するひともいれば、全く発言しないひともいます。特徴的だったのは、1文つけ足されるたびに再び「Once upon a time」に戻り、それまで紡がれた物語を何度も何度も読みあげることでした。

最後の言い回し「The moral of the story is（この物語の教訓は）…」まで終わった後、私は、

写真③ ミンディさんの実践の様子

また別の物語をつくるのかな、と見ていました。しかしミンディさんがおこなったのは、今出された海のそばのまちで暮らす小さな犬の物語を深めていくことでした。たとえば、このワンちゃんの名前は何か。誰かから「キュリー」という声があがります。「キュリーはどんな大きさ?」——「中型犬」、「目の色は……」——「青」など、ミンディさんは、キュリーがどんな犬かが明確になる質問を投げかけていきます。そして出された利用者さんからのアイデアをすべて受け入れ、反復します。見た目だけでなく、「キュリーの鳴き声は……」「海の温度は……」など、五感を使った質問が続けられ、物語はどんどん鮮明になっていきます。

ゲームのルールを理解する必要もありません。何を言ったとしても、それがひとつのアイデアとして受け入れられていきます。実際、なかには全く発言しないひとや表情を変えないひともいました。楽しんでいるのか、そうでないのかも、正直わかりません。その

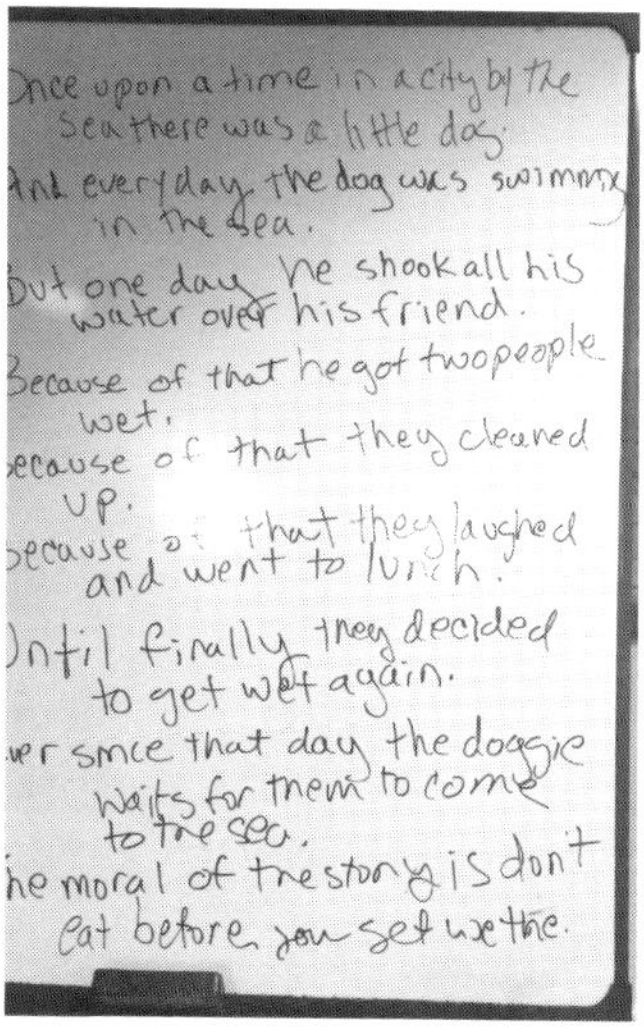

写真④ ミンディさんの記したホワイトボード

場で生まれた物語の意味を理解しているのかも、わかりません。ただ、ファンリテーターが、そこで生まれる物語をとても大切に扱っているという印象を受けました。次々にアイデアを出しあい新たな物語を紡いでいくのも楽しいですが、私はミンディさんの実践から、ひとつの物語が生まれる瞬間にじっくりとたちあうことの豊かさを学びました。

ミンディさんの実践は、毎年、渡米時に見学させてもらっていました。その間にくるる即興劇団の活動も本格化したので、そのなかでの私の悩みも何度も聴いてもらいました。特にミンディさんのアドバイスに助けられたのは、脳梗塞後遺症による半身不随と失語症をもつ劇団員トシちゃんに関することです。ミンディさんのアドバイスは、「彼を中心にすること」。どのような身体や認知の特性をもっているひとであっても、ともにインプロをおこなえるようにするにはどうしていけばいいかを考えるとき、このアドバイスが今でも指針のひとつになっています。

第2章 高齢者インプロ集団「くるる即興劇団」の試み

1　くるる即興劇団のはじまり

生涯学習講座「即興劇で学ぶコミュニケーション」

くるる即興劇団のはじまりは、２０１４年10月始動の生涯学習セミナー「豊四季台くるるセミナー」のなかで開講された講座「即興劇で学ぶコミュニケーション」（以下、インプロ講座）でした。

千葉県柏市豊四季台団地は、柏駅から西に約１・５kmのところにある大きな団地です。東京オリンピックが開催された１９６４年に入居が始まりました。最盛期の人口は約1万５０００人でしたが、豊四季台くるるセミナーが始まろうとする頃（２０１３年9月末）の人口は６０３８人。そして高齢化率は41・９％。住民の高齢化や独居高齢者の増加が「地域課題」として挙げられていました。

豊四季台くるるセミナーは、こうした地域課題を背景に、２０１４年5月、団地内に新設された「柏地域医療連携センター」を主会場に本格始動しました。主催は、東京大学高齢社会総合研究機構、そして柏市の福祉政策課と地域支援課、柏市社会福祉協議会の共催。「くるる」とは、「きく」「みる」「する」の末尾の文字をとった造語で、「生き生きと生きる高齢者」をイメージしたものだそうです。目的は、「生涯学習を通じて人々の間のつながりをつくり出し、その後の自主的な活動への展開へと結びつけること」。「第1期」として2014年5月開始で計5つ、「第2期」として2014年10月開始で計7つ、「第3期」として2015年2月開始で計6つの講座がそれぞれ開講されました。

インプロ講座が設けられたのは第2期と第3期でした。第2期には2014年10~11月に計3回の連続講座、第3期には2015年2~3月に計4回の連続講座として開講されました。インプロ講座の目的は、「インプロを体験することを通して、日常のコミュニケーションについて振り返ること」。ファシリテーターは、私がつとめることになりました。

当初私は、講座名に「インプロ」ということばを入れようと考えていました。しかし、柏市の担当者の方々と協議するなかで、「インプロ」が高齢者にとってなじみのないことばであること、「劇」ということばに難しさを感じるひとが多いことなどから、まず多くのひとにインプロに気軽に触れてもらえる講座名にしようとなりました。そして、インプロを通して「コミュニケーション」を考えるというニュアンスを含む「即興劇で学ぶコミュニケーション」に決まりました（その名残で、劇団員は今もインプロのことを「即興劇」と呼びます）。

実際、インプロ講座が初めて開設されるセミナー第2期、受講者募集期間に入ったとき、インプロ講座の応募者数は、他の6つの講座に比べ伸び悩んでいました。やはり「劇」とか「即興劇」とか、そういうことばに難しさを感じてしまうのかなぁ、と凹んでいました。そうしたとき、豊四季台くるるセミナーをコーディネートしていた研究室の先輩の荻野亮吾さんから、近々開催される「豊四季台団地　一人暮らし高齢者の集い」（2014年10月13日、豊四季台近隣センター体育館、主催：東京大学高齢社会総合研究機構）の「ブース発表」のなかでインプロの体験会をしては、とお誘いいただきました。その結果、インプロ体験会に参加した約10人のうちの数人が、終了後にその場でインプロ講座に申し込みをしてくれたのです。

インプロ講座には、嬉しいことに約20人も参加者が集まりました。そして、ほぼ全員が演劇未経験者。インプロ講座では、主にインプロのゲームを実際に参加者とともにおこない、インプロの考え方を紹介したり、それをもとにして日常のコミュニケーションについて参加者同士で振り返ったり、という流れで進めました。

第3期にも同じ講座名で連続講座をおこなうことになり、20人前後の参加がありました。そのうち8人は、第2期にも参加してくれたひとたちでした。第3期も、インプロのゲームを参加者に体験してもらうかたちで進めましたが、講座回数を1回分増やしたこともあり、最終回（4回目）には「ミニ発表会」と称した、ゲームを舞台上でやってみる機会も設けました。

くるる即興劇団の結成

そして、第２期と第３期の両方またはいずれかの参加者に、「フォローアップ講座」（２０１５年５月20日実施）の案内ハガキを送りました。フォローアップ講座では、各期の講座でおこなったインプロのゲームを改めて実施したほか、インプロをさらに学びたいひと向けに自主グループ（劇団）を立ち上げたい、自主グループではインプロ公演もおこないたい、といった説明をしました。そして最後に、私のインプロ仲間・即興実験学校の野村真之介さんと弓井茉那さんとともに、小さなインプロショーも上演しました。これは、インプロのショー（公演）を観た経験がなくイメージが湧かない、という参加者からの声に応えるためでもありました。参加者には「観客」として参加してもらい、インプロの公演が脚本のある演劇公演といかに異なっているか、特にお客さんとの関わり方の違いを体感してもらうことをねらいとしました。

２０１５年７月７日、「くるる即興劇団」が結成され、稽古が始まりました。くるる即興劇団の活動目的は、「自らパフォーマーとして舞台に立ち、インプロのおもしろさ・深さと、「高齢者にしかできない即興表現」を探究すること」。そして、月２回の稽古と年２回の公演を続けることになりました。

では、どんなひとが劇団員になったのでしょうか。実は、全員で何人の劇団員がいるのか、定かではありません。毎回参加するひともいれば、他のこと（他のサークル活動への参加、通院など）で欠席するひともいるため、１回の稽古には25名前後が集まるのが通例といったところです。

年齢は、1926年生まれから1950年生まれまでのひとがいて、ほとんどが70代後半～80代。多くは、豊四季台団地にひとりで暮らしています。持病や要介護度などの状態を直接尋ねたことはありませんが、劇団員の身体や認知の状態は様々です。実践のなかでの劇団員の言動を観察する限り、たとえば、耳の聴こえづらいひと、数分間の立ちっぱなしが難しいひと、複雑な説明の理解が難しいひとなど、ほんとうにいろんなひとがいます。また、定期的に実施している劇団員へのインタビュー調査から、大半の劇団員が様々な理由で通院していること、デイサービスやリハビリ、在宅調理サービスなどを利用するひとも少なからずいることもわかりました。

劇団員になるためには、試験もオーディションもありません。関心のあるひとなら誰でもなれます。参加者数でみると、結成日には約15人が集まりました。この日欠席したひとも次の稽古にはやって来たり、そしてその後、劇団員がおともだちを連れてきたりしながら劇団員数は少しずつ増えていきました。また、1、2回目の公演の様子がテレビ番組で取り上げられたため、2016年4月頃には団地在住者でない新メンバーが多数加入しました。このとき加入したメンバーは、初期メンバーに比べ、演劇的な活動や「舞台に立つこと」に関心のあるひとが多い印象があります。といっても、演劇経験者はほぼいないというのは初期メンバーと同じでした。

稽古が始まったとき、劇団員は名札をつくることになりました。各々が、おもて面には「呼ばれたい名前」、うら面には「本名とふりがな」を書きました。稽古や公演では、この「呼ばれたい名前」でお互いを呼びあうことにしました。インプロの世界ではこれを「インプロネーム」と言ったりもします。うら面に「本名とふりがな」を書きたいというのは、劇団員から出されたアイデアでした。どうやら、稽古場の外で会ったときも、本名を知っているとそれを呼んでコミュニケーションがとれるから（「呼ばれたい名前」が日常生活で呼ばれるには恥ずかしいと思うひともいるらしい）という理由のようです。また、たとえ全員の名前を覚えたとしても、稽古では常に名札をつけておきたいという希望も出されました。それは、途中から加入するメンバーがいるからという理由だけでなく、一緒に稽古してきたひとの名前をもし忘れたらと不安になってしまうからという理由もあるようです。

稽古と公演

稽古は月2回、1回あたり90〜120分ほどおこなっています。インプロ講座時代と同じ柏地域医療連携センターの研修室を稽古場にしていましたが、2017年度以降、豊四季台くるるセミナーの主催・共催体制の変更に伴い、「豊四季台近隣センター」の会議室を使用することになりました。

稽古の内容は、事前にカリキュラムが用意されているわけではなく、ファシリテーターによって即興的に決められていきます。ときどき、稽古には「ゲストファシリテーター」として様々なアーティストや演劇を学ぶ大学生などが来てくれます。「インプロ」と一口にいっても、そのスタイル（内容、考え方、教え方）は多種多様です。またインプロの世界には、たとえば即興歌唱や即興ミュージカル、仮面など、多様なジャンルがあります。ゲストファシリテーターを多く招くのは、そうしたインプロの多様さを実感し、多角的に即興表現を探究することで、くるる即興劇団のインプロの幅を広げていきたいと考えているためです。

「劇団」になって最も変わったことは、お客さんを招きインプロを見せる「公演」をおこない始めたことです。結成４か月後に初公演（２０１５年11月２日）を、その後は概ね３月に１回、7～8月に1回、年に計２回、公演を続けています。結成５年目に突入する２０１９年６月には、「くるる即興劇まつり」と題した２日間にわたるイベントも開催しました。

公演の会場は、稽古と同じ場所。その理由は、稽古と同じ環境でおこなうことで普段の稽古の延長線上に公演を感じてほしいため、劇団員のなかには遠くまで足を運ぶことが難しいひともいるため、です。研修室や会議室を「劇場」にしているので、「公演」だからといってステージや照明機材が用意されるわけではありません。開催時間も、稽古と同様、平日の午前中、上演時間も60～90分間です。

いわゆる脚本演劇の公演と異なるのは、出演者に事前に役が振られておらずどのような物語が始まるかわからないだけでなく、その日誰が出演するのか自体も当日までわからないということです。公演当日は、約1時間前に集合しウォーミングアップをするのですが、そこに来た劇団員のうち出演を希望するひと全員がその公演の出演者となります。というのも、当日体調不良などで急遽欠席する劇団員や、会場までは来られるけれど舞台には出たくない（観劇していたい）と

写真⑤ 公演チラシおもて
（作成：江戸川カエル）

写真⑥ 公演チラシうら
（作成：江戸川カエル）

いう希望をもつ劇団員もいるためです。公演には、毎回、概ね20名前後の劇団員が出演者として舞台に立ちます。

　公演の内容については、当然、即興なので、事前に演目が決まっているわけではありません。主に、ファシリテーター（園部）が進行を担い、お客さんに「お題」をもらうなど、お客さんと関わりながら演目を進めていきます。また、第4回公演以降には、「フリーシーン」（46ページ参照）を中心に演目を進めるようになりました。ひとつの演目の時間は、短いものなら2、3分、長いものなら15分ほど。ひとつの演目あたりの出演者数は、概ね3、4人ですが、ときには1人、はたまた全員で演じたりという場合も。公演に慣れてきた頃からは、前説（インプロについての説明や、「お題」を出してもらうためのお客さんのウォーミングアップなど）や進行も劇団員自身が担うようになりました。

お客さんの多くは、劇団員のおともだちやお知りあい、すなわち劇団員と同様「高齢者」と呼ばれる年代の方々です。ときどき、劇団員の娘さんやお孫さんやごきょうだいなど、ご家族が来てくれることもあります。また、「高齢者」に関わるお仕事をされている方（社会福祉協議会や介護施設にお勤めの方など）が関心をもって来てくれたりもします。第1回公演の際には新聞などに取り上げられたため約60人ものお客さんが来てくれましたが、その後は概ね30〜40人前後で落ち着いていています。お客さんと関わりながら、アットホームかつ少しだけ緊張感をもって演目を進めていくには、この客数はちょうどいいなと感じています。

2　くるる即興劇団の実践プロセス

ここでは、くるる即興劇団の実践を継続するなかで見えてきた課題や、課題を解決するために変えていったことについてみていきます。

身近なものから遠いものへ

くるる即興劇団の特徴のひとつは、演劇経験者ほぼゼロで始まったことです。そして、演劇に関心があるから劇団化後も続けたい、というよりは、劇団化の流れに身を任せ、気づいたら「劇団員」と呼ばれるようになっていた、というのが多くの劇団員の実際のところかなと思っています。

そのため公演という新たな活動が始まるとき、「演じること」や「舞台に立つこと」に劇団員が無理なく取り組むためのやり方を模索しました。そのキーワードが「身近なものから遠いものへ」。次の3つを意識し、やり方を変えていきました。

1つ目は、客席との距離を少しずつ離していくこと。はじめは、小グループでおこなうのを重視していました。その際の「お客さん」とは、同じグループ内の距離的にとても近いところにいるひと（＝劇団員）たちです。演劇経験のないひとにとって、いきなり舞台に立ち大人数の目にさらされるのは負担がかかります。小グループでというやり方は、そうしたひとたちにとって、人前でのパフォーマンスに少しずつ慣れていくのに有効です。しかし一方で、数か月後には、劇団員以外のひとたちを「お客さん」として招き、舞台に立たなければなりません。

そこで、「舞台と客席」と明確に稽古場を区切った状態での活動を多く取り入れるようにしました。たとえば、小グループで何かインプロのゲームをおこない、次にそれをそのまま舞台でやってみる。なじみのあるゲームを使いながら、舞台に立つ回数を増やしていったのです。また、こうしたことは、他の劇団員のパフォーマンスを見る機会にもなります。互いにパフォーマンスを見合うことを通した劇団員同士の関係性構築もめざしました。安心して舞台に立てるか否かは、一緒に舞台に立つひとたちとの関係性によるところが少なくないからです。

2つ目は、身近でないものも「お題」に取り入れていくこと。はじめは、たとえば老人会、公園、病院など、劇団員が普段よく行く場所をシーンの設定にする場合が多かったです。実際、客席から見ている劇団員に「お題」をもらうときも、自分たちにとって身近なものが挙がる場合がほとんどでした。身近なものを「お題」にする良さのひとつは、日常の会話の延長線上でセリフを言えることです。普段どおりの会話をそのまま舞台でするだけで、それはセリフになるのです。しかし一方、身近なものの使用は、ストーリーに「変化」を起こすのを難しくさせてしまう場合もあります。たとえば、日常生活では強い感情を出すことはあまりありません。身近なものに寄りすぎると、普段の自分たちとは異なる人物を「演じること」が難しくなってしまうのです。

そこで、「場所」「職業」「関係」のアイデアリストを劇団員とつくる取り組みを始めました。舞台上からいきなり「場所のアイデアください」と言われるとどうしても身近なものになってしまうけれど、少しじっくり考えて書き出すことで、急には思いつかないようなアイデアもたくさん出てきました。

3つ目は、悲劇にも挑戦すること。インプロのゲームをおこなうのはとても楽しく、多くの笑いを生み出します。インプロ講座の参加者の多くがその後も劇団員としてインプロを学び続けているのは、そうした楽しさや笑いの多さがあるからと語られることも少なくありません。おそらく、結成当初の劇団員にとっては、「インプロ＝喜劇」というイメージが強かったのではと思います。しかし、インプロの世界は、喜劇だけではありません。ときには泣きそうになったり、怒

写真⑦ 客席から「見る」（撮影：江戸川カエル）

りがこみあげてきたりといった感情のバリエーションがあるほうが、お客さんも飽きずに観てくれるのではないでしょうか。また、「笑いをとること」を意識しすぎると、言動へのハードルが上がり、共演者の状態も見えなくなり、ストーリーが空中分解、といったことも起こりがちです。

劇団員にとって身近だった喜劇に加え、悲劇もできるようにするために取り入れたもののひとつが「仮面」です。仮面の専門家・福田寛之さんにゲストファシリテーターとして来てもらい、仮面インプロの世界を体験しました。仮面のなかでも顔全体を覆う「フルマスク」は、「悲劇の仮面」とされます。たとえば、仮面を着けた劇団員が舞台上の椅子に座り、福田さんが袖から即興的にナレーションをつけます。舞台上の劇団員は、何もする必要はありません。しかし観客は、ナレーションを聴きながら舞台上の演者を観ると、そこに自然に物語がたちあがり、動かないはずの仮面の表情に変化がみえるのです。福田さんが語ったのが「戦争に行った息子を待つ母」という悲劇の物語だったため、劇団員はいつもの「笑い」重視でないインプロの世界を体感することができました。

悲劇もできるために取り入れたもうひとつは、「悪役」です。悲劇には登場人物を「悲しい」状況に陥れる「悪役」が必要です。しかしインプロでは、なぜか舞台上で「良いひと」を演じてしまうのです。2つ目に述べたような、設定自体が身近なものの場合、特にその傾向は強くなるように思います。「悪役」のバリエーションを広げるため、テレビや映画や小説などに登場する「悪役」をリストアップしたり、「暴力」シーン（もちろんほんとうに殴りあうわけではありません）のやり方を練習したりしました。そして、実際に誰かが「悪役」になってくれた際にはそのメンバーを称賛し、「悪役」のおかげでストーリーが展開するのを確認しながら稽古を進めました。

「挙手制」から「くじ引き制」へ

インプロでは、出演者や配役もその場で決まります。当初、「舞台に立つこと」が劇団員の過剰な負担となるのを避けるために「挙手制」をとってきました。挙手制とは、たとえば、ゲームやシーンのデモンストレーションを皆の前でやってもらうときなどに、ファシリテーターが「○人お願いします」と呼びかけ、出演したい（出演してもいい）と思った劇団員が自ら手を挙げて前に出るというやり方です。

第1回公演の開演前ウォーミングアップのとき、公演も挙手制でおこなうことを説明し、「『3人出てきてくださーい』と言ったときには、全員出てくるくらいの勢いで出てきてください」と「お願い」し、実際に全員が出てくるという練習を何度もおこないました。このような練習をしたのは、出演することが「罰ゲーム」のような雰囲気になるのを避けたかったためです。

しかし、第1回公演で挙手制をとった結果、公演の中盤になると、ファシリテーター（私）が「○人出てきてくださーい」と言っても、劇団員同士が顔を見合わせ、すぐに出てこなくなってしまいました。そしてその結果、「お願い」を忠実に守った何人かが他の劇団員より多く出演することに。はじめ、私は、出演する回数に差があったとしても、そのひとが出たいと思って出てくれているならそれでかまわないと思っていました。しかし、私の「お願い」に応えてくれた劇団員のひとりであるみっちーからは、公演後のインタビュー調査で、自分が多く出てしまったことに後ろめたさを感じるような語りがなされてしまったのです。

（全員を）1回はね、出してあげたい。私なんか3回も出ちゃった。あー悪いなと思って、それからはもうじっと座ってたんですけど。（…）いろーんな方にね、やってもらって、どのひとにでもできるっていう、のを、見せたいのね私としたら。おんなじひとばっかりじゃ練習してたのかなんて思われちゃうでしょ。［2015年11月10日、みっちーへのインタビュー］

私はこうしたことに悩みながらも、第1回公演後の稽古でもしばらく挙手制をとっていました。しかし、そこではさらに、「まだ出ていないひとが出て」「じゃあ前の列から」などと皆に呼びかける劇団員も登場するように。私が避けたいと思っていた「出演の強制」が、劇団員のあいだでおこなわれるようになってしまったのです。

そこで新たに導入したのが「くじ引き制」でした。くじ引き制とは、稽古で使っている個人の名札をくじとして使い、ファシリテーターが演目ごとにそのくじを引いて、出てきた名札のひとが出演者として舞台に上がる、というやり方です。私は、次に示すみっちーの語りに背中を押され、くじ引き制に変えようと決断しました。

咄嗟に、出るのが、ね、自分自身から出るのが、ね、嫌な方もいらっしゃると思うんだけど、うん、もう順番、というふうにしとけば。せっかく、自分で、こっち側（＝出演者席）に座ったんだから、出る、出るっていうことを、確認してらっしゃると思うの自分自身では。［2015年11月10日、みっちーへのインタビュー］

くじ引き制を初めてとったのは第2回公演（2016年3月22日）。公演後のインタビュー調査では、くじ引き制のやりやすさが多く語られました。まちこちゃんは、くじ引き制のほうが出やすかったため、稽古のときもくじ引き制のほうが「良いような気がします」と語っています。

出てみようかなって気はあるけれども、そこまで、あ、まぁもっと、他に、出たい方があるんだったらといつも、そう思いますから、やはり、あの、無作為に、選んでいただいたほうが。（…）いろんな方（のパフォーマンス）が見られて、良かったと思います。だから、思いがけない、あ、この方こういうことも、おっしゃるんだというようなことが、ありましたね。［2016年3月29日、まちこちゃんへのインタビュー］

第1回公演終了後にみっちーと同様、自分ばかり出演したのを気にしていたヤッちゃん[9]は、くじ引き制について次のように感じたようです。

私は何が、ね、嬉しかったたっていったら、全員が、全員が出て、全員が出たっていうことが、あの、やっぱり、一緒に、皆やっててね、それで、あれだから嫌だとか何とかじゃなくってね、うん、できたっていうのが、やっぱり、良かったなと思って。［2016年3月24日、ヤッちゃんへのインタビュー］

挙手制からくじ引き制に変えて、私は次のようなことに気づきました。それは、自ら「挙手できる」劇団員は、「平等な出演回数」を望み、自分が「出しゃばり」だと他者に思われたくないと考えていること。自ら「挙手できない」劇団員にとっても、「くじ引き制」は、出演が「強制」されるのではなく、「背中を押される」ものとなること。挙手をできるひと・できないひと、両者にとって「くじ引き制」は良いかたちで働くようです。くじが当たり名前が呼ばれたとき、「あー当たっちゃった！　しょうがないなぁ……」などと言いながら嬉しそうに舞台に出て行く劇団員の姿は、いつ見ても嬉しいものです。

ゲームからフリーシーンへ

インプロの特徴のひとつは、その実践方法論が「ゲーム」というかたちで構築されていることです。学習者は、そのゲームをおこなうことで、負担なく他者とともに即興で物語をつくりあげていくことができます。演劇未経験の場合でも、ゲームを通していつのまにか演劇の世界に入っていけるのです。

ゲームには「ルール」が存在します。ゲームの良さは、ルールがいい塩梅の「縛り」となって機能し、私たちが何かをつくりあげるのを容易にしてくれることです。何もないところから物語をつくりあげるのは結構大変ですが、何か縛りがあるとかえって自由にできるということがよくあります。

しかしそのルールの縛りが強すぎると、私たちは逆に不自由になってしまいます。くるる即興劇団では、縛りの強さが次のようにあらわれました。ひとつは、身体的なことに関するもの。たとえば、身体を大きく動かさなければならないゲームや、立ったままおこなうことが想定されているゲームの場合、それができないひとがいます。もうひとつは、認知的なことに関するもの。複雑なルールをもつゲームの場合、それを理解できないひとがいます。実際、小グループを組んだとき、同じグループのなかにルールを充分に理解できなかったひとがいたことが、インタビュー調査で語られるようになりました。

後者の「認知的なことに関するもの」の例をひとつ。自己紹介系のゲームをしたときのことです。このときは、1人「10文字以内で」というルールで自己紹介しました（たとえば「ちばけんしゅっしん」「りんごがすき」など）。このルールをつけた理由は、「自己紹介して」と言われて喋るのが難しいひとであっても10文字以内なら何か言ってくれるかなと思ったため、そして、高齢者学習の場でしばしば起こる、特定のひとが長く喋り続けてしまうのを避けるためです。しかし実際にやってみると、10文字以上喋る劇団員が何人か出てきてしまったのです。

聞こえて、ないっていうか、理解していないんじゃないのかなと。（…）それが年取ったってことなのかなーと思いますね。普通若いときだと、ね、言われたことは、できますけどね。年取って、たぶん耳も遠くなるし、何を言ってるのかわからないけど自己紹介してくださいっていうんじゃないのかなっていう、感じで受け取って、喋ってるんだと思う。［2016年3月、ある劇団員へのインタビュー］

私はこのルールを必ず守ってほしいとも思っていなかったので、10文字以上喋ったひとがいてもそんなに気にはしていなかったのですが、他の劇団員、特に自分はきっちりルールを守っている劇団員にとっては、「間違ってるよ」と修正したくなるようです。そうしたことは、特に小グループでの活動中、言い換えればファシリテーターの目が届いていないときにしばしば起こりました。最初にゲームのルールが説明され、各小グループでの活動に入ったとき、「どういうふうにやるんだっけ?」とルール確認から始まったり、その確認に時間がとられゲーム自体をおこなえなかったり、ルールを守らない（守れない）劇団員に対し「違う違う」と修正発言が飛び出し雰囲気が悪くなったり。

変えたのは、第1に、ゲームのルールを劇団員が楽しめるようにつくりかえていくこと。ひとつは、「座ったまま」できるように変えました。インプロのゲームは身体表現を伴うため、立った状態でおこなうものが多いです。これまで私は、ゲームのもともとのルールが座った状態のままできるものを選んできましたが、これは絶対立たないとできないよなぁ、と思っていたゲームをあえて座ったままやってみるなど、いろいろ挑戦するようになりました。そうすると、座ったままだからこそできる表現が出てくるようにもなりました。もうひとつは、小グループではなく「全体で」おこなうように変えました。ファシリテーターの目の届くところでパフォーマンスしていくのです。「舞台」を使うときもありましたが、舞台に立って「見られる」ことに慣れていないひとがいる場合には、舞台と客席に分けずに1つの大きな円のまま見せあうことを心がけました。このように変えたのは、ルールを「理解できる劇団員」が「理解できない劇団員」を支援するという構図を崩すためでもありました。もしルールから外れた劇団員がいたとき、私は「新しいゲームが生まれた！」と言うようにしました。実際、くるる即興劇団では新しいゲームがたくさん生まれています。ゲームは、ルールを守るから楽しめるというのももちろんあるけれど、ルールをつくりかえていくから楽しめるということもあるのです。

第2に、ゲームではなく「フリーシーン」の時間を増やしていくこと。発想としては、ルールに縛られすぎて自由になれないのなら、もうルール自体を取っ払ってしまおう、というものです。フリーシーンとは、ゲームのようにルールや手順のないなかで、即興で演じていくことを指します。お客さんやファシリテーターから「お題」（キーワードや、役割や場所などの場面設定）が与えられる場合もあれば、何もないところから始める場合もあります。ルールの理解できるひと（たとえば大学生など）とインプロをおこなうとき、一般に、フリーシーンはハードルの高いものと思われることが少なくありません。何もないなかで「自由に表現せよ」と言われるのは「恐怖」を伴いますが、ゲームにはルールがあるので、それに沿っていけば「自由な表現」が促されます。しかし、高齢者インプロの世界では、これが逆転するのです。すなわち、ルールの理解が困難なひとにとって、ゲームはハードルが高く「自由な表現」を妨げるものとなり、フリーシーンはむしろ自由で取り組みやすいものとなるのです。

参加者からファシリテーターへ

ゲームに代わりフリーシーンをおこなう頻度が増えてきたとき、ファシリテーターのしごとも増え、難しくなっていきます。ゲームのファシリテーションは、ルールや手順さえ覚えれば比較的容易にできます。しかし、フリーシーンのファシリテーション（ディレクション（演出）とも呼びます）には、そうした「マニュアル」はありません。ファシリテーター自身もまさにインプロしながら、その場で起こっている出演者のやりとりを見ることに加え、この後どのような提案をすればシーンが展開していくかという「少し先」も見ながら、指示を出していかなければならないのです。

これまで、こうしたファシリテーターの役割は、主に私が担ってきました。くじ引きによって選ばれ舞台上に出てきた出演者の組み合わせを見て、その出演者に「合う」役（そのひとに近くて演じやすいという意味だけでなく、そのひとからは遠いイメージだけれど「このひとのこんな役も見てみたい」といった挑戦を促す意味も含みます）や場面を設定したり、お客さんから「お題」をもらい、複数の「お題」のなかから出演者に「合う」と思われるものを選択したり、ときには具体的に役を割り振ったり、出演者が展開に困っている様子が見られた場合には変化を促す指示を出したり、などというように。

これまで稽古や公演で、ファシリテーターとして私が関わることは、ある意味「安全装置」として機能していました。パフォーマンスの「失敗」がファシリテーターの責任となり、その結果、出演者は守られることになるからです。また、劇団員同士の関係性という点においても、私の存在は「安全装置」でした。「決める」「指示する」という役割を私が担うことで、その役割を直接的に担わない劇団員は全員が「平等」になるからです。しかし、私だけがファシリテーターを担い続けた結果、次のように語る劇団員が出てきてしまいました。

設定は、私たちにしろって言ってもなかなかね、もうほら、何しろほら、その、世間が狭いから。（…）言われれば、あ、なるほどと思います。やっぱりだから、あの、園部さんみたいな方がいらっしゃって、成り立つけど、あ、これ年寄りだけで、あの、会員（＝劇団員）のほうばっかりだけだったら、無理かなーと思うのよね。［2016年8月、ある劇団員へのインタビュー］

このような語りが劇団員からなされたこともあり、私は、劇団員がファシリテーター（私）のつくった枠のなかでしか表現できていないのではないか、と自らの役割に違和感を抱くようになりました。そして、その枠を超えて新たな表現を生み出していくには、私自身がその役割を手放す必要があると考え始めました。といっても、初めてのひとがいきなりファシリテーターを任されるのはかなりの負担が伴います。本人がやってみたいと思っているのならまだしも、そうではない状態で劇団員に手渡していくにはどうすれば良いかと悩みました。そこで、次のようなやり方を少しずつ試していきました。

1つ目は、ファシリテーターの役割は私がそのまま担っておき、シーンの途中で止め、客席にいる劇団員に「この後どうなると思いますか」と尋ねること。もちろん、それに対する「答え」は1つではありません。そう伝えると、客席の劇団員からいろんな展開のアイデアが飛び出すようになります。舞台上ではアイデアが降ってこないのに、客席にいると降ってくるということはよくあります。プレッシャーのないなかで、劇団員たち自身がアイデアを出せること、そしてそのアイデアで物語が展開することを、まずは体感できるようにと繰り返しました。このやり方を通して劇団員に伝えたかったもうひとつは、ファシリテーターが自らアイデアを思いつく必要はないということです。ファシリテーターが「良い」設定や展開のアイデアを出そうとすると、そのしごとはとても難しくなってしまいます。出演者やお客さんと一緒に、流れに身を任せながら、心地よく挑戦していけばいいのです。

2つ目は、稽古の冒頭でおこなうウォーミングアップ（体操・発声）のファシリテーションを劇団員に任せること（2017年4月3日〜）。今までの稽古でやったものでも良いし、テレビや他の活動で見たりやったりしたものでも良い。「皆ができそうなもの」という条件だけ伝え、劇団員にファシリテーションをお願いしました。するとたとえば、テレビの体操番組を欠かさず見ている劇団員からはそこで見た体操のやり方が、コーラスを長く続けている劇団員からはコーラスの発声練習のやり方が紹介されました。私の知らない体操や発声のやり方がたくさん出てきました。また、当初は私と目を合わせたまま私に説明するようにやり方を紹介していた劇団員が、次第に他の劇団員たちに視線を向けながら説明するようになっていく様子も見られました。そして当初は「誰か紹介してくれませんか」と「挙手制」で進めていましたが、次第にこの役割も「くじ引き制」になっていきました。つまり、劇団員は全員、このウォーミングアップのファシリテーターの役割を担えるようになったのです。

3つ目は、公演での前説や進行などの役割も劇団員に任せること。こうした役割を「司会」と呼ぶことにしました。劇団員が司会に初挑戦したのは、第5回公演の直前の稽古（2017年7月18日）でした。この日皆が苦戦したのがお客さんから「お題」をもらうこと。単に「お題ください」と言うだけではお客さんが戸惑ってしまう場合が多いです。どうすればお客さんをインスパイアできるか、「お題」をもらうための質問も、皆とたくさん考えました。そして、複数出された「お題」のなかから採用するものを選ぶのも司会の役割にしました。それは、これから始まる物語の責任を負わされるような感覚を生み、勇気もいります。さらに、選んだ「お題」に基づき出演者に役を振ったり、場面をより詳細に決めたりする役割も司会が担うことに。これも司会がひとりで「勝手に」決めすぎてしまったり、指示を出し過ぎてしまったりすると出演者は混乱する場合もあり、バランスが求められる難しい役割です。実際に第5回公演で司会をつとめた劇団員からは、出演者として舞台に立つときとは異なる「緊張感」があったと語られました。今後、多くの劇団員が公演でも司会（ファシリテーター）の役割を担えるようになることは課題として残されています。

4つ目は、私が稽古を欠席することです。これは、意図してそうしたのではなく、私の妊娠・出産が主な理由です。2019年2月、悪阻が酷くなり稽古を欠席しました。その後復帰したものの、2019年7月には産休・育休に入りました。産休に入るとき、劇団員に私の不在中どうしたいか尋ねました。するととても嬉しいことに、稽古を続けたいと言ってくれました。私は、何か稽古の手がかりになるようにと、これまでおこなったインプロのゲームの手順を記した文書を作成し、皆に渡しました。もちろん、これが「正解」になるのではなく、これをもとに稽古を進めて、窮屈になったらやり方をどんどん変えていってほしいという注意書きを添えて。ファシリテーターを担ってきた者がいなくなったとき、おそらくそこには新たな関係性が生まれるのだと思います。私のいない期間に何が起こったのかは、これから調査・分析を進める予定です。

コラム（1）――なぜインプロを学び続けるのか？

なぜ劇団員たちはインプロを学び続けているのでしょうか。くるる即興劇団は、生涯学習セミナーの講座のひとつとして始まりました。生涯学習は「義務」ではありません。学習者が学びたいと思ったものを自ら「選択」し、自ら学んでいきます。劇団員が「選択」し続けるということは、インプロを学び続けるのを「良いこと」と感じているからだと考えられます。２０１７年３月に実施したインタビュー調査で劇団員が語ったインプロを学び続ける理由を整理した結果、次の５つがみえてきました。

①インプロ自体が楽しいから

１つ目の継続理由は、インプロという活動自体に楽しさが見出されているものです。まず、普段の自分以外の誰かになれることに楽しさを感じる劇団員がいます。うだちゃんは、「自分と違う人間になれるから」と語り、そのことによって「楽しみが、できてる」といいます。こもりのおばあちゃまも「自分じゃない他人になれるっていう楽しさ」を挙げ、特に「悪役」を演じられることが「好き」だそうです。やっちゃんも、「普段、言えないようなこと言ったりとかできるじゃない？　別に正しいこと言わなくても良いし、嘘でも良いし」と語っています。

また、他の劇団員の演技を見るのが楽しいと語る劇団員もいます。イクちゃんは他の劇団員が

「生き生きと」演じているのを見るのが、なかちゃんは芸能人ではなく「知ってる方」が舞台に立ち演じる姿を見るのが「楽しい」といいます。また、まちこちゃんは「ひとがやってるのを見て、あ、私だったら、こうだなとかね、思ったりする」ことに、ヨーちゃん[10]は「皆の劇が楽しいのと、自分がやるのが、うーん、あれをやれば良かったとか」考えることに楽しさを見出しており、他者の演技を見るのを通して自分の演技を考えることにも楽しさがあるようです。

上達するのがおもしろいからとインプロを学び続ける劇団員もいます。２０１４年10月のインプロ講座から参加するヤッちゃんは、当初はゲーム中心だったけれど、劇団化し稽古や公演を重ねるたびに「段階踏んで」「即興劇らしい」ことができるようになってきたことを「だんだんおもしろく」感じており、そのことがインプロを続ける理由になっているようです。

また、少数ですが「もともと、お芝居好きなんだよね。観るのも好きだし」と語るあいばちゃんのように、入団前から演劇への関心があり、演劇としてのインプロに楽しさを感じ、学び続けている劇団員もいます。

②自分の変化を実感したから

インプロを学ぶなかで自分の変化に気づき、その変化に意味を見出すことで学び続ける劇団員もいます。変化の１つ目は、「新たな考え方を得た」というもの。チキバンは、インプロ自体が人生初の体験で、インプロと出会い「今まで全然考えてみようともしなかったことを考え」るようになったと語っています。そして、そこで生まれる楽しみを「自分が知らない部分を覗いていく楽しみ」と表現しています。ゆみは、インプロを通してこれまで「興味はないと決めつけて」いたことに目を向けるようになり、「いろんな考え方が広がる」と気づいたといいます。そして、「年を取った自分自身にも可能性がある」と感じ始めたことに楽しさや続ける意味を見出しています。

変化の2つ目は、インプロを通じて「苦手を克服できた」というもの。ふじおさんは、入団当初「当てられたらどうしようかとか、うまくできるんだろうかとか」と考え「緊張して」「受け答えができるか心配だった」そうです。しかし、継続するなかで次第に「気楽」さが生まれ、当初の「緊張」や「心配」が「楽しみ」へと変わったといいます。ようちゃんは、自分のことを「引っ込み思案」だと思っていましたが、インプロを通じて「自分から出て何でもやろう」という思いが強くなったそうです。タキちゃんも、別のサークルで「声が小さい」と言われていたけれど、インプロを学び続け「人前で喋れるようになった」、「声が大きく出せるようにな」ったという変化を実感したといい、そうした変化を実感できたことがインプロの継続につながっているようです。

③呆け防止になるから

インプロでは、その場で与えられた「お題」に対する即座の反応が求められる場合があります。そうしたインプロを「頭を使う活動だから」と捉え、学び続ける劇団員もいます。ようちゃんは、出された「題」に対して「皆さんとやりとり」することに「神経使う」と語り、インプロの継続が「自分にとってプラスになる」と考えています。また、やなぎも「頭の回転」、すなわち「スッていろいろ考え」ることに「楽しさ」を見出しています。みっちーは、インプロを続ける一番の理由を「脳トレ」と表現し、「若い者（高校生の役など）やるときにはほんとに自分が少女になった、つもり、若返り、その気持ちになってやれるわね」と語っています。ヨーちゃんも、「頭使」って「呆け防止」になるからインプロを続けていると語っています。ヨーちゃんが呆けたくないのは、「呆けると、やっぱり（自分の）子どもたちに迷惑かける」からだといいます。

くるる即興劇団の稽古は、毎回、内容が異なります。そのことが「呆け防止」へと結びつくと考え、インプロを学び続ける劇団員もいます。とベチャンは、稽古では毎回「新しいこと」がおこなわれるため「新しいこと、（頭に）入れるのには、続けなくちゃなんないし」と語っています。とベチャンがそのように思う背景には認知症の妻の存在があり、「俺が切り盛りしなけりゃ、後困る」と、自分が「呆けたらだめ」だからインプロを続けるといいます。このような、毎回異なる内容で稽古が構成される楽しさや、それが「呆け防止」につながるという考えは、おもちゃんややなぎからも語られています。

④多様な考えや能力が受容されるから

インプロを学び続ける（学び続けることができる）のは、インプロでは多様な考えや能力が受容されるから、という語りもみられます。1つ目は、「心身の能力を問われないから」というもの。とうしろうは、「身体に負担がない」ことと脚本のような決められたセリフの「暗記」が不要なことを挙げ、インプロは「誰だってできますから」と語っています。くるるセミナーの他講座にも複数参加するなまずちゃんは、読み聞かせやコーラスなどの講座では経験年数や熟達度が重視されるのに対し、インプロは「その場に行きさえすれば楽しめる」ため「長く続けられる」といいます。

2つ目は、「失敗が受容されるから」というもの。やなぎは、「変なこと」を言うこと自体に楽しさを見出しています。いしも、「まともにスラスラっといかない」ひとや「詰まったり」するひと、「ちょっと調子のはずれたようなことをパッと言ったり」するひとのほうが「真面目なひと」よりも「おもしろい」と語っています。チキバンも、続けるうちに「皆同じ連中と思ったら、何やったってかまわないじゃないか」と思うようになり、「おもしろく」なってきたといいます。

3つ目は、「他者の様々な考えに出会えるから」というもの。おもちゃんは、「内容によって、やる劇団員の発言とか動作」が異なることにインプロの「楽しみ」があり、続けているそうです。やっちゃんは、「思ってもみないような、自分だったら考えられないようなこと」を言うひとがいるのが「おもしろい」と語っています。こもりのおばあちゃまは、自分の人生とは異なる「知らない世界」が他の劇団員の演技から「垣間見える」ことに楽しさがあるといいます。あーやは、「今まで、お付き合いしてた方も、なんとなくその、その場所によっては、違った、思いがけない面も（…）あるじゃないですか」と、インプロを通して既に親交のあるひとの異なる一面を知ることに楽しさを感じています。おだぎさんは、インプロを学ぶなかで「いろんなひとのお話をね、聞いてね、反省してみたり、喜んでみたり、喜怒哀楽を感じ」ることが「人生の刺激になる」から続けているそうです。さっしーは、ひとり暮らしのため考えが「自分本位」で「ひとりよがり」になっているのではと感じており、多様なひとの考え方に出会う必要があるためインプロを学び続けると語っています。

また、4つ目として、「見ているだけでもいいから」というものも。なかちゃんに誘われ参加し始めたなかさんは、「まさかね、自分でやるとは思わなかった」と、「人前（に）出る」のが「嫌」だったといいます。しかし、インプロを「やめようとは思わない」そうで、その理由を「見るのが多い」からと語っています。舞台に立つことが強制されず、多様な参加のしかたが認められていることに続ける理由があるようです。

⑤人間関係が良好だから

最後は、劇団員同士の人間関係や場の「雰囲気」に関する語りです。1つ目は、「皆と会って話せるのが楽しいから」というもの。やなぎは他の劇団員と会って活動をともにすることが、みっちーとヨーちゃんは「皆とふれあったり」「おともだちが増える」ことが「楽しい」から続けているといいます。豊四季台団地に住んでいないいいしは、住まいの遠い自分であっても「皆仲良くで、受け入れてもらいながら、交流」できることに「おもしろさ」を感じて続けているそうです。途中から入団したイクちゃんも、「顔見知りになった方と会える」ことに楽しさを見出しており、ともに参加する夫トシちゃんと「『明日くるるよー』って言うと、『楽しみー』とか」と家で話すようです。

また、「誰とでも話せるから」というのを続ける理由として挙げる劇団員も少なくありません。タキちゃんは、「誰とでも」「話ができる」ため、「来れば楽しいし、友達ができてるし、気軽に喋れる」といいます。なまずちゃんは、「人間関係がゆるい関係」で、他の劇団員とは稽古や公演で接するだけで「あんまり深入りしないという感じ」が「良い雰囲気」を生み出していると語っています。また、「ご自分だけが、特に目立ちたいとか思ってる方いない」ことも、「どんな方と」もともに活動ができる「良い雰囲気」につながっているといいます。みーちゃんも、別の習い事では「2、3人知ってるひととちょっとお話して帰ってきちゃう」そうですが、インプロの稽古場では座る位置が固定されておらず、関係の深さを問わず「誰の隣にでも座る」ことができ、「誰とでも自然にお話できるっていう雰囲気があるのが良い」と語っています。

＊　＊　＊

以上のような、劇団員がインプロを学び続ける理由には、(高齢者が)学ぶことがどのような意味で捉えられているのかという考え(学習観)があらわれていると考えられます。

1つ目は、「できないことをできるようにする学習観」、すなわち新たな知識、考え方、技術を身につけたりするという、自己を向上させるためにおこなうのが学習であるという考え方です。こうした学習観は、①でインプロが上達していくことにおもしろさを感じるひとや、②でインプロを通して自分の苦手克服を実感できたひとなどがもっていると考えられます。

2つ目は、「できなくなることをこれ以上できなくならないようにする学習観」、すなわち心身機能の現状維持をめざすのが学習であるという考え方です。③で語られたように、多くの高齢者にとって心身機能の現状維持は喫緊の課題として認識されており、家族などに「迷惑をかけたくない」ことからそうした認識が生まれているようです。心身ともに働かせ即座に反応しながら他者と物語を紡ぐインプロは、そうした高齢者の喫緊のニーズに応え得る活動だからこそ、高齢者たちは続ける意義を見出していると考えられます。

3つ目は、「できないことにも価値が付与される学習観」、すなわち個人の能力ではなく集団に焦点が当たり、個人の「できる」「できない」といったことが問われず、多様な考えや能力をもつひとたちが受容されるような学習の考え方です。こうした学習観は④で語られたことと関連しており、またこうした学習観の背景にあるのが⑤で語られた人間関係の結ばれ方だと考えられます。

そして重要と考えられるのは、インプロを学ぶ場が、この3つの学習観をもつ高齢者たちが共存できる場になっていることです。たとえば、③の呆けを防止したいという考えは、呆けた状態を望ましくないものと見なす考えを前提にしています。そうした考えは、活動に参加している

「既に呆けを有すると思われるひと」の存在、および④に内在する3つ目の学習観を否定する方向にも働いてしまう可能性もあります。しかしインプロでは、呆けたくないという思いも、呆けによって生み出される「失敗」や「ズレ」たアイデアも、多様な考えとして受容されていきます。こうした点に、多様な高齢者が多様な価値観をもったまま継続して学び続けられるインプロの特徴があると考えられます。

第3章 インプロにおける〈老い〉のパフォーマンス

次に、劇団員のパフォーマンスに焦点を当ててみていきます。劇団員のパフォーマンスのなかには、様々な老いがみられます。しかし、それは、個人の身体に帰属する「問題」としての「老い」ではなく、他者とのあいだに〈老い〉としてたちあらわれます。では、高齢者インプロ実践のなかで、「老い」（＝個人に帰属する「できなくなったこと」「失敗」）は、いかにパフォーマンスのなかにとりこまれていくのでしょうか。ここでは、稽古や公演で起こった4つのエピソードを取り上げながら、詳細にみていきます。

1 「勘違い」が笑いを誘う
――「ジブリッシュ」をめぐるおもちゃんとのやりとり

1つ目のエピソードは、「ジブリッシュ」（Gibberish）についてです。ジブリッシュとは、「でたらめことば」を意味するものです。劇団員には、「タモリさんがやってたやつ」と説明すると

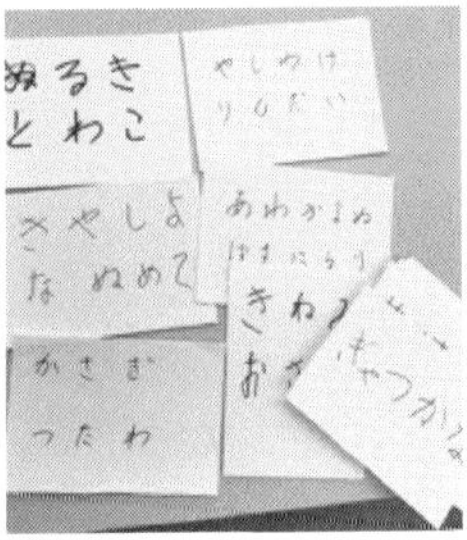

写真⑧　稽古で劇団員が作成したジブリッシュカード

伝わる場合も。くるる即興劇団では、2015年11月24日の稽古で、初めてジブリッシュに取り組みました。

ジブリッシュをやってみようと思った理由は、「感情」の大切さに気づいてもらうためです。インプロでは、その場でセリフを紡いでいかなければなりません。そこでしばしば起こるのが、相手に伝わるように（あるいは、おもしろいことを言えるように）と「良い」セリフを探し始めることです。そうすると、「感情」という要素は後回しになってしまいます。ジブリッシュは、たとえ発されたセリフが意味不明だったとしても、そこに感情さえ乗せれば伝わることを教えてくれます。くるる即興劇団においても、瞬時にセリフが思いつかない、何を言ったら良いかわからない、といった劇団員がいるほか、「感情」という要素をすっかり忘れ、ひとりでつらつらと喋り続けてしまう、というひともいました。そこで取り入れたのが、このジブリッシュでした。

稽古では、小さな画用紙に、でたらめにひらがなを書いてもらうところから始めました。これは、「ジブリッシュカード」と呼ばれるもので、これからおこなうインプロのシーンで使う「台本」（セリフ）になるものです。そして、舞台で各々複数枚のジブリッシュカードを束ねて持ち、互いにそのでたらめなことばをセリフとして使って会話することでシーンをつくる練習をしていきました。

写真⑨ ジブリッシュカードを用いたシーン（撮影：江戸川カエル）

２０１６年３月22日の第２回公演でも、このジブリッシュカードを用いてシーンをつくる場面がありました。お客さんからもらったお題は「フライトアテンダント」。出演者は、くじで当たったやっちゃん、ふっ子、みーちゃん、やなぎ。設定は、飛行機内の休憩室。椅子が４脚、半円形にセットされました。全員がフライトアテンダント役で、２人（やっちゃんとふっ子）が飛行機内の休憩室にいて、少し後でもう２人（みーちゃんとやなぎ）が入ってくる、というところからシーンは始まりました。

【シーン①】 フライトアテンダントの機内休憩室――

ふっ子：お疲れさまでしたー。
やっちゃん：ね、お疲れさま。
ふっ子：疲れましたねー。
〔みーちゃんとやなぎが舞台に入ってくる〕

やなぎ：お疲れさまでしたー。
ふっ子：やっと終わったわね、〔入ってきた2人に対して〕あら。お疲れさまです。
みーちゃん：変なお客さんがいて。〔観客笑う〕
〔みーちゃんとやなぎが空いている席に座る〕
やっちゃん：そういうひといるのよねーときどきねー。
ふっ子：ねー。どんなひとです？
みーちゃん：何かひとりで大きな声で喋るから皆さん寝られないし。気の毒だったの。
ふっ子：えー、そうですかー。ねー。
やっちゃん：まぁコーヒーでも飲みましょうよ。
やなぎ：そうね。誰が行く？
ふっ子：〔やっちゃんに〕出してくださいます？　コーヒー。
やっちゃん：はい。〔立ち上がってコーヒー（＝動作のみで実際にはない）を取りに行き、コーヒーを配って着席〕
〔各々「いただきます」「ありがとう」などと言って皆でコーヒーを飲む動作〕
やっちゃん：やれやれ。
ファシリテーター（園部）：ピーピーピーピー。コールがなりました。
〔全員立ち上がる〕

全員：あら。
みーちゃん：あら、お客さんに異変があったのかしら。
〔ファシリテーターがシーンを止め、【シーン②】に続く〕

シーンを止めたファシリテーター（園部）は、みーちゃんが「変なお客さんがいて」「ひとりで大きな声で喋る」と言ったことにインスパイアされ、その「変なお客さん」とのやりとりのシーンをジブリッシュを使って次にやろうとひらめきました。そして、くじを引き、当たったのは、おもちゃん。先に出ていた4人の出演者に舞台上手《かみて》に退場するように指示し、【シーン②】の準備として、椅子を2脚横に並べながら、次のようにシーン②の設定をおこない、シーンを進めました。

【シーン②】機内で騒ぐ乗客（シーン前の場面設定のやりとりも含む）

ファシリテーター：おもちゃんいます？・・・〔出演者席を探し、おもちゃんを見つける〕あ。
〔おもちゃんに〕ちょっと〔舞台に置かれた椅子に〕座って。
おもちゃん：何で私？〔観客笑う〕

ファシリテーター：（くじを）引いたら、おもちゃんの（名前カード）が出てきたんですよ。

ヤッちゃん（＝このシーンの出演者ではない）：〔舞台に出て行かないおもちゃんに対し〕座ってるだけよ。

おもちゃん：意地が。〔立ち上がりながら、ファシリテーターに対して〕意地が悪いね。〔舞台に出て行き、椅子に座る〕〔観客笑う〕嫌だって言ってんのに。〔観客に向かって〕ね、嫌だって言ってんのにね。〔観客笑う〕（私が）かわいそうだよね。〔観客笑う〕

〔ファシリテーターはこのあいだに上手袖に置いてあったジブリッシュカードを取りに行く〕

ファシリテーター：おもちゃんは、〔おもちゃんの左側から声をかける〕

おもちゃん：こっち。（＝おもちゃんは左側の耳が聴こえづらいため、ファシリテーターに右側に回るように指示）

ファシリテーター：〔おもちゃんの右側に移動して〕おもちゃんは、あの、声の大きな、迷惑なお客さんです。

おもちゃん：あら。〔観客笑う〕

ファシリテーター：でも外国人なので、日本語喋れません。

おもちゃん：私？

ファシリテーター：はい。〔おもちゃんにジブリッシュカードの束を見せて〕ここに、セリフいっぱい書いてあるので。

おもちゃん：あら。
ファシリテーター：これ読んでください。ちょっと読んでみて。
おもちゃん：キ、キヤショ、ナルメテ。何これ？〔観客笑う〕
ファシリテーター：〔カードをめくる〕
おもちゃん：ヤ、カナ。
ファシリテーター：これおもちゃんのセリフです。
おもちゃん：ふん。〔観客笑う〕
ファシリテーター：で、全部読んだら、（カードが）いっぱいあるんで、またそめくって、大きい声で読んでください。
おもちゃん：これ（＝カードに書かれている文字）ヌ？
ファシリテーター：ヌ。
おもちゃん：ヌルキトワコ。これで良いの？
ファシリテーター：良いですね、もっと大きな声出せますか？
おもちゃん：ヌルキトワコ！〔観客笑う〕
ファシリテーター：良いですね良いですね。〔上手袖にいる4人のフライトアテンダント役に対し〕じゃあ、フライトアテンダントの皆さん。大きい声で喋ってるので、止めようとしてください。

おもちゃん：…… 何だって？〔観客笑う〕
ファシリテーター：〔上手袖にいる４人のフライトアテンダント役に対し〕入ってきてください。
〔４人舞台に入ってくる〕
ファシリテーター：〔おもちゃんに〕喋って、もっと大きい声で喋ってください。
おもちゃん：来たら、これで良いの？
ファシリテーター：はい。
〔フライトアテンダント役全員入ってきて、おもちゃんを取り囲む〕
おもちゃん：ヤシマシジンテイ。
みーちゃん：〔おもちゃんに対して〕何でしょう。
やなぎ：ちょっと周りのひとの迷惑に。
おもちゃん：〔ファシリテーターに対して〕これ良いのかな？
ファシリテーター：はい、喋って。読んで。
おもちゃん：ヤシマケインダイ。
ファシリテーター：〔どうすれば良いかわからず読むのをやめたおもちゃんに対して〕〔フライトアテンダント役を〕無視して喋ってください。
おもちゃん：ワカヨノグワンタイ。アカギシタワ。
やなぎ：ちょっと。

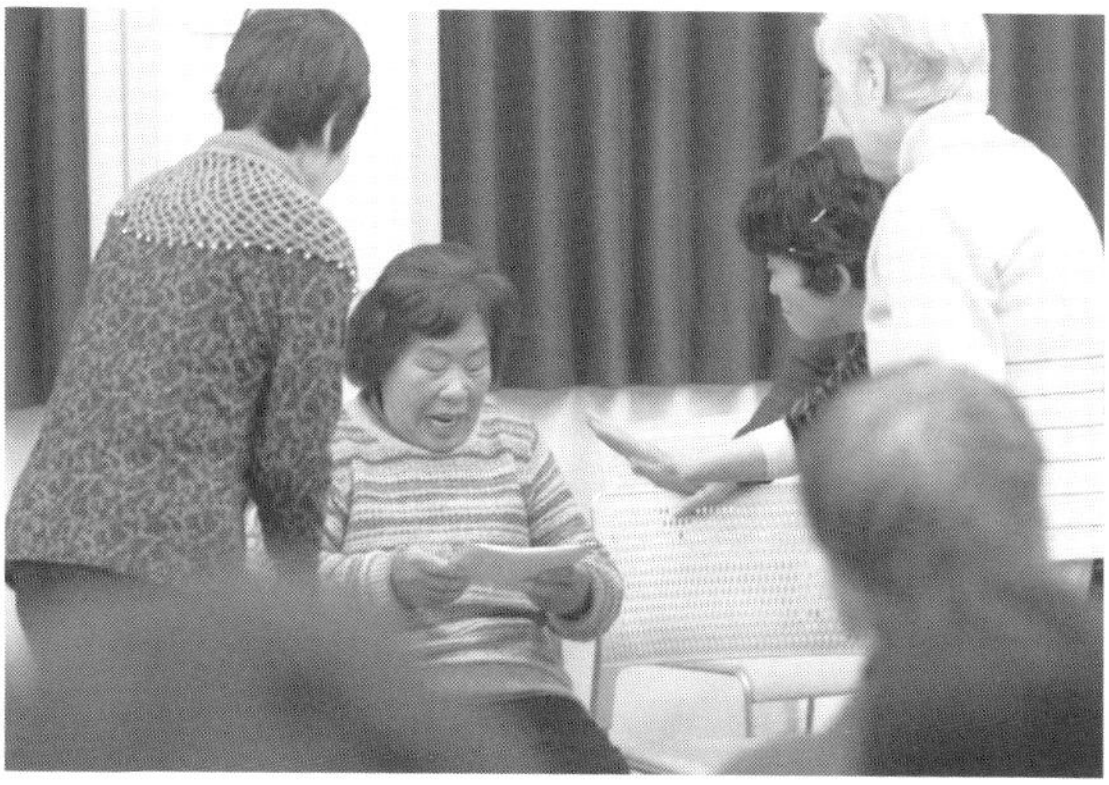

写真⑩ シーン「フライトアテンダント」(撮影：江戸川カエル)

おもちゃん：ん？
やなぎ：声が大きいんですけど。
おもちゃん：(ファシリテーターが) 大きく言えって言ったから。〔他の出演者と観客笑う〕
〔完〕

おもちゃんは、ジブリッシュに取り組んだ稽古にも参加していたのですが、ジブリッシュカードの使い方を忘れてしまっていたようです。また、その場でファシリテーターがおこなった説明、すなわち、おもちゃん自身が【シーン①】でみーちゃんの言った「変なお客さん」の役で舞台に上がっていることを充分に理解できなかったと思われます。そしてその結果、右記のように、シーンのなかで「変なお客さん」を演じきることができず、そのつどカードを読んでも良いのかファシリテーターに尋ねることになりました。

こうしたことは、演者とファシリテーターの意思疎通がはかれなかったという意味においては「失敗」にあたります。しかし、この「失敗」は、この日の公演のなかで一番の笑いを引き起こしました。【シーン①】が終わったとき、名前を呼ばれたおもちゃんは、出ることを嫌がっているように見えました。しかし、自分が舞台に出て行ったときにファシリテーターに向けて言った「意地が悪いね」という発言でお客さんが笑った後は、笑いながらお客さんとやりとりする様子が見られました。このように、おもちゃんが「そのままの状態」で舞台に立ってやりとりを進めたことは、シーン本編とは別の、「もうひとつの物語」としてあらわれたのです。

2 「間違った」発言から新たなゲームが生まれる
――トシちゃんといしの新ゲーム「ストン」

2016年5月から加わったトシちゃんという劇団員がいます。トシちゃんについては第4章で詳述しますが、トシちゃんは、脳梗塞後遺症による半身不随と失語症をもっています。ファシリテーターがインプロに取り組む様子を観察する限りにおいては、トシちゃんは、複雑なゲームのルールを理解するのが難しいように見受けられました。

くるる即興劇団では、毎回の稽古の冒頭、ウォーミングアップとして体操や発声を全員で円形に椅子を並べておこなっています。「稽古のはじめにウォーミングアップがしたい」というのは、劇団化して間もなく、劇団員から出された要望でもありました。２０１６年11月7日の稽古でも、いつものようにウォーミングアップをおこないました。ファシリテーターは、毎回おこなう、両肩を持ち上げて下に落とすという動きをやろうとし、次のように説明しました。

ファシリテーター：今度は、〔両肩を上げる動きをしながら〕（両肩を）上げて。〔両肩を下ろす動きをしながら〕下ろします。
いしい：ストンとね。
ファシリテーター：はい。

このとき、いしいがファシリテーターの説明につけ加え、「ストンとね」と発言しました。そして、全員で1回この両肩を上げて下ろす動きをおこないました。劇団員は皆、無言でその動きをおこないました。そして2回目をおこなおうとして両肩を上げたとき、トシちゃんが「ストン」という声を発しました。それに対して、ファシリテーターと何人かの劇団員は笑いました。笑いが起こったのは、ファシリテーターは特に「ストン」と言いながら両肩を下ろすことを求めていたわけではないという共通認識があったためだと思われます。実際、ファシリテーターも、「ス

写真⑪ ウォーミングアップ（体操）の様子

トン」と言いながら両肩を下げる動きをおこなってほしいとは思っておらず、いしも、求められている動きを皆がイメージしやすいように「ストンとね」と言ったのだと思います。しかし、トシちゃんは、「ストンと言いながら両肩を下に落とす」ことをやるのだと「誤解」したようです。

ファシリテーターは、このトシちゃんの言った「ストン」を、次は皆で息を揃えて言ってみることを提案しました。実際にやってみると、なかなか全員の息が合わず、バラバラになってしまいました。何度か試してみましたが、意外に皆で声を揃えることは難しく、皆で笑いあいました。新たなゲームがひとつ、生まれた瞬間でした。

インプロに「ワンボイス」というゲームがあります。ワンボイスとは、複数名が同時に同じことば（セリフ）を話すことで1人の人物を演じるというものです。この新ゲーム「ストン」は、ワンボイスの効果的なウォーミングアップになると考えられます。実際、以前の稽古でワンボイスをやったとき、あまりうまくいきませんでした。ワンボイスには、事前に決められたセリフはありません。そして、「私が最初?」「あなたが最初?」などと、事前に確認することもありません。いわゆる、「空気を読みながら」、その場で呼吸をあわせてセリフが決まっていきます。劇団員たちにとっては、相手と顔を見合わせて、誰が最初に少しだけ声を発するかを決めるのが難しかったようです。

この「ストン」も、静まりかえっているなかで誰かが「ス……」と少しだけ言い出さなければ始まりません。何度かやってみると、毎回同じ劇団員が「ス……」と言い始めるようになりました。そのため、途中で、同じひとから始めるのを禁止するというルールも追加しました。そして、いろんなひとがその役割を担えるように、何度か繰り返していきました。

「ストン」は、インプロの根本的な考え方を学ぶことができるゲームでもあります。インプロでは、誰が最初にアイデアを言うかを探り合って間《ま》があいてしまうことがしばしば起こります。他のひとの様子を観察し、誰かが何かをやろうとしていたらそれに乗っかってみる。もし誰も何もやらなかったら自分がやる。「ストン」は、こうしたインプロの考えを学ぶゲームとして、その後もしばしば稽古時のウォーミングアップとしておこなわれました。皆このゲームに慣れてきて、いろんな劇団員が「ス……」と言い始めるようになっていきました。

3　骨折中だったからこそできるシーンがある
――あーやを中心としたフリーシーン「お見舞い」

2016年12月20日、この年最後の稽古をしていたときのことです。毎年、年内最後の稽古では、NHK「紅白歌合戦」にちなみ、「紅白即興劇合戦」と称したものに挑戦しています。劇団員を性別問わず紅組と白組に分け、「対戦形式」でフリーシーンを見せ合うというものです。この時期の稽古では、まだ私がファシリテーターを担い、シーンの場面設定などを決めていたのですが、この日は、グループ分けをした後、各グループで設定を相談して決めた上で本番に臨むという新たなかたちをとりました。

この日、あーやは、ギブスを巻いて稽古にやってきました。少し前に、左足を骨折してしまったそうです。膝をまっすぐに固定するために、太ももから膝下までガッシリとギブスが巻かれていました。そのため、椅子に座るのもどこか大変そうです。稽古が始まる前、劇団員の何人かと、あーやの左足を高く保てるようにするためのものはないかと探しまわり、会場の事務所で借りてきた空き段ボール箱を、あーやの足乗せ台としてセットしました。

「紅白即興劇合戦」のグループ分けを終え、各グループで場面設定の相談が始まるとき、あーやは、ギブスを巻いていることを理由に、「今日は出ずに見ている」とグループのメンバーに伝えました。しかし、グループのメンバー（みっちー、ようちゃん、やなぎ、こもりのおばあちゃま）は、「骨折して入院している友人をお見舞いに行く」という設定を考え出すことによって、あーやを主役として迎えたのです。

みっちー：あらーどうしたの、大変なことになっちゃったね。
ようちゃん：大変だったですね、もう。
あーや：とんでもないことやっちゃったのよー。
やなぎ：ねー。
みっちー：今日は、皆さんで。
ようちゃん：お見舞いに来たんですよ。
あーや：嬉しいわー、ほんとにありがとうございます。
こもりのおばあちゃま：これ、あの、お口汚しですけれど、どうぞ。〔何かを渡す動作〕
あーや：〔それを受け取る動作〕ありがとう。
やなぎ：お花ねこれ〔花を渡す動作〕、ちょっとこう小っちゃいけど、小さないけど、ごめんなさいね。
あーや：〔花を受け取る動作〕わー綺麗なお花。ありがとう私お花大好きなの。

みっちー：がんばったわね。
ようちゃん：がんばったですね。
あーや：ええ、ありがとうございます。
やなぎ：大丈夫なのこれ？
あーや：うんー、もうね。
やなぎ：何か月、かかるかしらこれ。
あーや：わかんないまだね、あの、〔松葉〕杖もね、つかなきゃなんないし、こっちの足はつま先で歩けって言われてるんですよ。だからもうーちょっとー。
やなぎ：かかる？
あーや：うん。
やなぎ：大変ね。
みっちー：じゃあ大事にしてねー。〔皆で順にハグをしあう〕
あーや：ありがとうどうもー。〔シーンは続く〕

インプロにおいて、アイデアを提案することを「オファー」と呼びます。たとえあーやが舞台上で何か動作をしたりことばを発したりといったアイデアを出さずとも、あーやが舞台に上がっ

写真⑫ グループでのシーン設定の事前相談

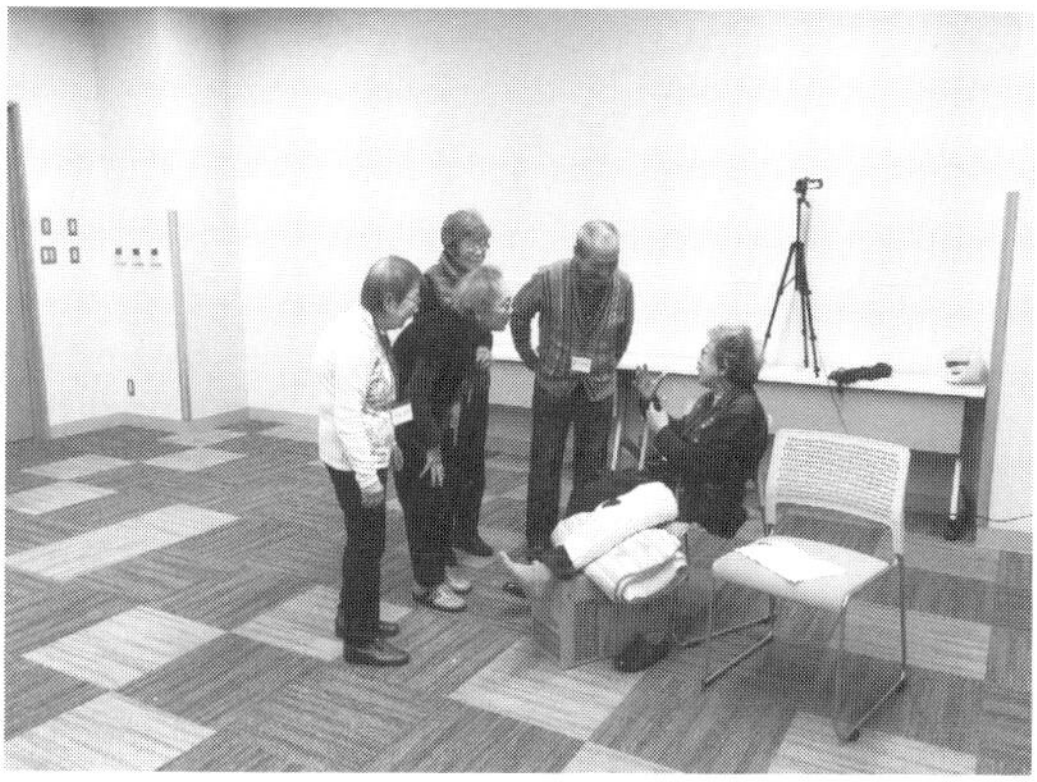

写真⑬ フリーシーン「お見舞い」

た瞬間、既に、ギブスという物自体が強いオファーを出しているのです。逆に、そのオファーを避けて、ギブスをないものとしてシーンをつくるほうが不自然とも言えるほど、このときギブスは強いオファーになっていると思えました。あーやと同じグループのメンバーがとった方法は、この「ギブス」をアイデアとして受け入れた（「アクセプト」と呼びます）ということでもあります。また、あーやに「足を怪我して入院しているひと」の役を演じてもらうことは、あーやが舞台上で動き回らなくても済むかたちでの出演も実現させています。骨折しているから出演「できない」のではなく、骨折しているからこそ「できる」シーンがあるのです。

4　ゆっくりな動きが観客の想像を広げる
──仮面を使ったシーン「カンニング」

インプロの世界で用いられる道具のひとつに、仮面があります。仮面についてはコラム（2）でも触れていますが、くるる即興劇団では、ゲストファシリテーターの福田寛之さんから、仮面を用いたインプロを学んでいます。２０１７年３月６日の第４回公演でも、仮面を使ったシーンを、福田さんのファシリテーションによりつくりました。設定は、追試を受ける子どものカンニング。２人の子ども（かめ吉とあーや、ともに仮面あり）が長机に並んで座り、追試を受けています。各々の前には答案用紙に見立てた白い紙が置かれています。福田さんが教師役（仮面なし）

写真⑭ 仮面を使ったシーン「カンニング」（撮影：江戸川カエル）

になって、子どもたちに「カンニングしないように」と釘を刺した上で席を外します。そして、子どものうちのひとりが恐る恐る、隣の子どもの答案を見ようと動き出す、というものでした。

終演後の「振り返り」のとき、このシーンについて、子ども役で出演したかめ吉は、皆の前で次のように言いました。

> 私ーお面、実は、今回が初めてだったんです。ずっと、かぶったことなかったんですが、目も、ちいちゃい（＝小さい）もんで、（ファシリテーターが）「前を見てください」って言っても、こう、お面かぶると視野が狭いもんですから、なかなか。それと、会話がないっていうのも、何か物足りない感じがしますね。［2017年3月6日、公演後の振り返りでのかめ吉の発言］

しかし、仮面を着けた際にうまく動けずことばも発さないことに物足りなさを感じていたかめ吉とは対照的に、客席から観ていた劇団員の何人かは、ゆっくりで小さな動きだったからこそおもしろかったと語ったのです。ゆみは、「もともとゆっくり」な劇団員が、ことばを使えない状態も相まって動作がさらにゆっくりになること、そしてゆっくり動くからこそ、観客がそこで即興的に生まれていく物語を想像できることの「楽しさ」を語っています。

口もきけないために、あんまり動作が、ゆっくりなんですね。でもそれってすごく、あのー、それで、じっとしてたんじゃおもしろくないけど、それがこう徐々に動いていくっていうのが、心の動きの、動きが、あの、これ、やって良いのかしらっていう、その葛藤が、ゆっくりやるためにこちらに伝わってきて、こっちの。パッとやったらもう、そのひとが、こうやったから、こうやったら、すぐわかりますよね。わからないんですよ、この、何で手だけ出てるのかなとまず。そしたらだんだん手が出てきて、紙を、紙をつかんだので、えっと思って。で、こちらも考えて見ているのがすごく楽しかったです。［2017年3月13日、ゆみへのインタビュー］

チキバンも、演者が「立っているだけでもおもしろく」、そこに「年寄りだからできるような動きがあった」と語っています。

そのまんま（＝仮面なしのインプロ）だと、あの、かえって動きが鈍かったりすると、その、緩慢なその姿で、こう、舞台があんまり動かないときがありますけど、逆にその、形が、お面をかぶることによって、すごく、ほんとに、かわいらしく感じたんですね。（…）ピシッと決まらない、何か、もたついたような感じ、何か、どっかで、オドオドっとしたりとか、何かする、そういうところが、その仮面をかぶるときには、無垢な形になってるように、かえって逆に見える。それは、わざと、下手なんではなくて。［２０１７年３月８日、チキバンへのインタビュー］

このように、普段は「下手」なものとして捉えられてしまいがちな、鈍く、緩慢で、もたつき、オドオドした「高齢者」の身体が、仮面を着けることで魅力的に見えてくる場合があるのです。それは、仮面を着ける場合、些細な動きであっても強調されること、むしろ観客に物語を想像させるためにはたくさん動かないほうが良いことなど、仮面演技の理論で指摘されているところと重なります。大きく、素早く、美しく動くことが必ずしも「良い」物語を生み出すわけではないという点が、インプロにおける仮面パフォーマンスの特徴のひとつです。そして、そうしたことは、「老い」がもたらす身体の変化（「低下」「衰え」とされるもの）を実感している「高齢者」にとって有効に働き得るのです。

まとめ

以上、「老い」（＝個人に帰属する「できなくなったこと」「失敗」）がいかにインプロのパフォーマンスのなかにとりこまれていくのか、4つのエピソードをみてきました。

演劇の世界において、演者が自らの役の意味を理解せず舞台に立ち、そのつど演出家にこれで良いのか尋ねながら演じていたとしたら、それはきっと「望ましくない」ものと評価されてしまうでしょう。しかし、インプロの場合は、そうしたこと自体も新たな物語として成立し、そのこと自体がお客さんの笑いを誘います。意思疎通の「失敗」を笑いに変えることができたのは、おもちゃん自身が、ネガティヴにならず思ったことをそのまま口にしたためです。ファシリテーターが（無理やり）舞台に上げることを「意地が悪い」と表現し、「ね、嫌だって言ってんのにね。（私が）かわいそうだよね」とお客さんに話しかけるといった行為自体が、おもちゃんとファシリテーターとお客さんとのあいだに生まれたもうひとつの物語となっていたのです。

「ストン」は、コミュニケーションの「ズレ」から生まれた誰かの「失敗」（誤解）を、インプロの別の大切なことを学ぶためのゲームの開発へと結びつけた例です。実際、トシちゃんが、ファシリテーターの説明を補足するためにいしの言った「ストンとね」をどのように捉えていたかはわかりません。しかし、いしの「ストンとね」を聞いたトシちゃんが実際に「ストン」と言わなければ、このゲームは生まれなかったのです。

「お見舞い」のシーンは、「できないこと」が、物語の素材となり、集団をインスパイアし、できないからこそできる新たな物語の創造へと結びついた例です。骨折をして立ち歩くのが難しいあーやを「主役」にし、あーやの現在の状態を活かすことで、あーやもシーンに参加することができました。また、それはある意味で「実感を伴った」、架空の世界と現実の世界を行き来するような物語にもなったのです。

仮面を用いたシーンからは、演者が素早く大きく動けないからこそ、観客に物語を想像する余地を与えることがみえてきました。実際に仮面を着けて舞台に立ったかめ吉は視野が狭く、かつ口がふさがれセリフも言えないために「物足りなさ」を感じましたが、観る側は必ずしもそうではありませんでした。チキバンが「年寄りだからできるような動きがあった」と語ったように、「老い」によってうまく動けないことが仮面演劇の実践方法論とマッチし、効果的な物語を生み出していると考えられます。

コラム（2）――「ことばを使うことができなくなる」仮面の世界

インプロの世界で用いられる道具のひとつに、「仮面」（Mask）があります。くるる即興劇団では、「フルマスク」と呼ばれる顔全体を覆う仮面を使用したパフォーマンスに取り組んでいます。仮面を着けると演者の口も覆われてしまうため、「ことばを使うことができない」という状態になります。そして仮面を着けた演者たちは、「ことばを使うことができない」なかで物語を紡いでいきます。

２０１５年12月、稽古で初めて仮面を取り入れました。きっかけは、２０１５年11月２日の第１回公演で見えてきた課題にあります。それは、即興で演技をするなかで「ことば」に焦点が当たり、劇団員に「ウマイこと言おう」「おもしろいこと言おう」という意識が働いているように見受けられたことです。ことばを意識しすぎると、どんどん自分の世界に入りこんでしまい、共演者が見えなくなります。また、ことばは、「老い」の影響を受けやすいもののひとつだと言えます。私は、ことばをうまく使える劇団員が「優れた」演者でそうでない劇団員は「劣った」演者、というイメージを劇団員にもってほしくありませんでした。そこで、仮面、特にフルマスクのように物理的に演者のことばの使用を制限する道具を用いることで、ことばの使用に困難や不安を抱える劇団員がパフォーマンスに「対等」に参加できるのではと考えました。

仮面を教えてくれているのは、私のインプロの先輩・福田寛之さん。福田さんは、ジョンストンのインプロ劇団「Loose Moose Theatre」（カナダ）の仮面クラスをはじめ、海外の様々な団体で仮面演技を専門的に学んでいらっしゃいます。稽古では、仮面を着けた演者に対して別の演者がナレーション（ストーリーテリング）を加えることで少ない動作だけで物語が成立するのを体験したり、仮面を着けた演者と着けない演者が共演するフリーシーンをおこなったり、仮面を着けた演者のみでセリフを発さず物語を進めることに取り組んだりなど、福田さんとともにいろんな実験がおこなわれました。

仮面を着けることを劇団員たちはどのように感じたのでしょうか。インタビュー調査での語りをみると、仮面を着けることで生じる「ことばを使うことができなくなる」という状態に対する劇団員たちの反応は、主に次の2つにわかれました。

1つ目は、仮面を着けることでインプロをやりやすくなったという語りで、ことばを使わなければならないという負担から解放され「自由」になれるというものです。脚本のないインプロでは、セリフも演者がその場で考えていかなければなりません。そのため、即座にセリフが思い浮かばず、即興での演技に負担を感じる劇団員もいます。しかし、仮面を着けるとことばを使う必要がなくなるため、気軽に舞台に立てるといいます。

もの言わないですよね。だから、それで、演じるほうも、やりやすくって、そして観るほうも、ちょっとした変化で、想像することができるから、良い媒体というか。［2017年3

月、なまずちゃんへのインタビュー」

このなまずちゃんの語りからは、仮面の着用によって口が覆われ、インプロで演者がこなすべきしごとのひとつである「セリフをその場で考え喋ること」から逃れられることが、劇団員にとっての「やりやすさ」につながっていることが読みとれます。

こうしたことは、なかちゃんやゆみからも語られています。なかちゃんは、自ら積極的に前に出て行くタイプではなく、それはインプロの稽古でも同じだといいます。しかし、仮面を着けたときは「楽だった」と感じ、「率先して」前に出られたそうです。

こないだもお面かぶって、ことばがないとか、ここへ座ってて、「何も言わなくていい」なんていうときはさ、率先して（＝自ら挙手して舞台に上がった）。［2017年3月、なかちゃんへのインタビュー］

なかちゃんは、80歳を過ぎてから「ことばが出なくなった」と実感しているそうです。そして、「何も言わなくていい」ことは、なかちゃんの参加のしやすさにつながっています。

ゆみは、仮面を着けことばを使えなくなることによって、からだへと意識が向くと語っています。

写真⑮ 福田さんのファシリテーションによる仮面シーン

写真⑯ 仮面シーン「家出した息子を待つ母親」(撮影：江戸川カエル)

（仮面なしのインプロの場合）口があれ（＝ことばを使える）だから、手は、手とか足とかからだが、いつもいい加減ですよね。自分自身がね、もう、あの、あのー、若いひとみたいにできないので（…）年を取っても口だけは達者って言いますけど、口、口で何か言おうと思ってるから、もう手を動かすことなんか忘れて、手足動かすことを忘れて、頭だけでもうすっかり考えがいっぱいなんですよ。（…）若いひとは、両方できるんですよ、言いながら動作で。でもね、年を取ると、もう、出ないんですよ、あの、パッと、あの、何て言うんですか、忘れるしその。［2017年3月、ゆみへのインタビュー］

このように、仮面を着けることで、セリフを言う分のエネルギーをからだへと注ぐことができるのです。

2つ目は、仮面を着けることでインプロをやりにくくなったという語りで、ことばを使えないことを「制約」と感じ、相手に伝えられないのではないかと不安を感じるというものです。

声を出して言って、たら結構楽なんだけど、声を出さない、説明をしないで、お客さんにわからせるっていうのは、難しいなとか思うんですけどね。［2016年8月、みーちゃんへのインタビュー］

ただ、うん、黙ってやってるっていうのも、何かこう、ですね。もう少しこう、ことばを発しながら、こう、やれば。ことばがあったほうが、やはり、やりやすいような感じがしましたね。[2017年3月、ようちゃんへのインタビュー]

そして、ことばを使えないという「制約」が、もっと動けばよかった、もっと動かないと伝わらないんじゃないか、という思いに結びつく劇団員もいます。やなぎは、公演のとき、家出した息子を待つ母親（仮面あり）のシーンを演じました。物語は、ファシリテーターのナレーションによって進められました。ファシリテーターからやなぎに事前に出された指示は、「最初は座っていてください」「（ファシリテーターが）『立ち上がってください』と言ったら立ち上がってください」というもので、それ以外の動作の指示は与えられませんでした。そして、物語が進むなかで、郵便局員役の別の劇団員が入ってきて「手紙」に見立てた紙を渡し、母親はそれを受け取りそれに視線を移す、という展開に。

（「息子を探した」というナレーションを受けて）座っちゃったけど、あのときもっと背伸びして、やれば良かったと思って、私、（公演後に）家に帰ってから思ったの。[2016年3月、やなぎへのインタビュー]

仮面を着けたほうが「楽」と答えたなかちゃんも、「動き」の必要性について語っています。なかちゃんは、仮面を着けると動作だけになり「楽」と感じる一方、その動作をいかにすべきだったのかと、演技後に「反省」しています。

（仮面ありのインプロは）楽、私はよ、楽だったね。帰ってきて（＝舞台から降りた後）、ああ、もう少し動作、こうやったり、何かして、どうにかね、ことばがないけど、からだでやれば良かったなーなんて思いながら。でも、一番楽だった。［2016年8月、なかちゃんへのインタビュー］

＊　＊　＊

1つ目の語りは、それまでの人生・生活のなかではことばを（正しく）使うことに苦しめられていたけれど、ことばを使わなくてもよくなったという状況に置かれたことでその苦しさから「解放」され安心感を得て、「自由」に表現ができるようになっていることを示しているといえます。2つ目の語りは、ことばを使えなくなることが安心感を与えるどころか、不安や困難をもたらす新たな「制約」として浮上し、「自由」な表現をむずかしくさせていることを表していると考えられます。

仮面を着けることによって生み出される「ことばを使うことができなくなる」という状態は、

どこか「老い」と似ている面があるように思われます。1つ目の語りは、老いることによって「自由」になっていくイメージ。2つ目の語りは、老いるということはどんどん「制約」が増えていくようなイメージ。そうしたことが、この本のいろいろなところで述べている〝老いることはおもしろい、でもやっぱり老いたくない〟という思いとどこか重なってみえるのです。

第4章 脳梗塞後遺症をもつ劇団員トシちゃんをめぐって

ここでは、「できなくなること」を劇団員同士の関係性という視点から捉えることを試みます。主に取り上げるのは、脳梗塞後遺症による失語症と半身不随をもつ劇団員トシちゃんと他の劇団員との関係性です。

1 トシちゃんとの出会い

劇団員にとってトシちゃんとの出会いはいかなるものだったのでしょうか。ここでトシちゃんを取り上げようと思った理由は、トシちゃんの参加後に初めておこなわれたインタビュー調査（2016年8月実施）で、私から尋ねたわけでもないのに、多くの劇団員がトシちゃんのことを語ったためです。おそらく、トシちゃんという存在は、劇団員同士の関係性、そしてくる即興劇団自体のあり方を、それまでとは大きく変えたのだと考えられます。

トシちゃんについて

トシちゃんが妻のイクちゃんとともにくるる即興劇団にやってきたのは、２０１６年5月16日のことでした。きっかけは、同年4月、くるる即興劇団を特集したテレビ番組をイクちゃんが偶然視聴したことだといいます。

主人が、やっぱり脳梗塞で、失語症でしょ。ことばが出づらいし、デイサービスはまぁ週1回行ってるんですけども、それと、リハビリ、は週2回、連れてったりしてるんですけれども、やっぱり私と主人だけだと、もう会話が、ご飯食べる、お風呂入る寝るだけになっちゃって。まぁ私も、朝早く起きてお散歩連れてったりするんですけど、とにかく喋ることが、なくなったので、どうしたらいいかなーと思ってたときの、テレビだったんですよ。（…）とにかくねー、ひとと交わりたい。２人だけだとどうしても、私も気がめいっちゃうし。［２０１６年8月、イクちゃんへのインタビュー（トシちゃんも同席）］

しかし、２人にインプロや脚本演劇の経験があったわけでもありません。ともすれば演劇未経験者にとってインプロを学ぶ場にいきなり足を運ぶのは、ハードルが高そうに思えます。イクちゃんが2人の新たな活動の場としてくるる即興劇団を選んだ決め手は、テレビに映る劇団員が「楽しそう」だったからとのことです。脳梗塞発症後、トシちゃんだけでなくイクちゃんの活動範囲も制限されたそうです。くるる即興劇団は、2人にとって、トシちゃんの脳梗塞発症後初めて参加する学習の場だったのです。

トシちゃんとイクちゃんは、2016年5月から7月まで、計6回の稽古すべてに参加し、同年8月1日の第3回公演でインプロの初舞台を踏みました。トシちゃんは、みーちゃんとともに「薬局」のフリーシーンを演じることに。ファシリテーター（園部）は、トシちゃんに薬剤師、みーちゃんに薬局の客の役を振り、トシちゃんを座ったまま舞台に残し、みーちゃんに舞台袖から入るよう伝えました。

みーちゃん：〔トシちゃんのそばに歩いてきて、立ったままで〕すみません。
トシちゃん：はい。
みーちゃん：最近胸がドキドキしちゃうんですけど、何か良いお薬ないですか？
トシちゃん：あー、わかんないな。
みーちゃん：〔顔を抑えて笑う〕〔観客も笑う〕
ファシリテーター（園部）：〔トシちゃんへの指示〕座ってくださいって（みーちゃんに言ってください）。
トシちゃん：座ってください。

写真⑰　フリーシーン「薬局」（撮影：江戸川カエル）

みーちゃん：〔椅子に座る〕
ファシリテーター：〔みーちゃんへの指示〕何か質問してください。
みーちゃん：何か「わからない」って言って、ほんとに大丈夫ですか？
トシちゃん：〔うなずく〕〔観客笑う〕
みーちゃん：何かもう、夜中もすごいドキドキしちゃって、これ、日頃の生活のしかたが悪いのかしら。
トシちゃん：はい。
みーちゃん：〔顔を抑えて笑う〕〔観客も笑う〕
ファシリテーター：〔みーちゃんへの指示〕どうしたら良いですかって聞いてください。
みーちゃん：どうしたら良いですか？
トシちゃん：えーっと、わかんないんだよな。〔観客笑う〕

〔完〕

このシーンは、1分程度の短いものです。トシちゃんのはっきりとした声で発された「わかんないな」というセリフは、この公演のなかで最も大きな笑いを生み出しました。公演終了後の劇団員による「振り返り」の際にも、薬局のシーンがおもしろかったという発言が数名からなされました。

劇団員の語るトシちゃんという存在

劇団員たちはトシちゃんをどのような存在として捉えたのでしょうか。先述のシーンがおこなわれた第3回公演終了後のインタビュー調査（2016年8月）では、トシちゃんをめぐる語りは次の4つの視点からなされていました。

①出てくるだけでもすごい

約半数の語りに含まれていたのは、トシちゃんは「出てくるだけでもすごい」というものです。この「出る」ということばには、家から出て稽古場に通うことと、舞台に出ることという2つの意味が含まれています。前者に「すごさ」を見出す語りの代表的なものは、次のようなものです。

嫌がらないで、こういう、何かに出て、いらっしゃる、ご主人（＝トシちゃん）も大した人物だと思いますよ。ね、普通だったら嫌だよそんな、なんて。笑いもんになったら、どうせ笑いもんになるんだからー、なんて、なっちゃうんじゃないかなぁ、普通のひとだったら。私だってそうなる、と思うもの、自分がね、動けなくなって、そんな惨めったらしい姿、ひとに見られるの嫌だわーなんて思っちゃうもの。

この「笑いもん」になったり「惨めったらしい姿、ひとに見られるの嫌」という語りに類似するものとして、「動けないことに引け目を感じる」「（他のひとができることを）こなせないのがコンプレックスになる」「恥ずかしくて嫌」「助けてもらうのが嫌（そこまでして出たくない）」などといった語りがみられました。これらの語りには、共通して「普通」ということばが出てきます。彼らにとっての「普通」とは、動けなくなったひとが家の外に出たり人前に立ったりするのを嫌がったり避けたりすることを指しているようです。「普通」のひとがそのように思うにもかかわらず、トシちゃんは自身の身体を人前にさらけ出して参加する。そうしたトシちゃんの姿に「すごさ」を感じているのです。

後者の、舞台に出ることに「すごさ」を見出す語りは、たとえば次の2つです。

できなくても、やるじゃないですか。あのほら、ね、「わかんない」とか、そういうあれだけども。

指名されると出て行って、そして皆さんの前で、自分のできる範囲内で、ね、ちゃんとやってくださいますよね。

こうした語りからは、トシちゃんが「できない」存在であるにもかかわらず「できる範囲で」インプロをやろうとすることに「すごさ」を感じていることが読みとれます。

また、トシちゃんが「出てこられること」の背景には妻イクちゃんの存在があることも、多くの劇団員から語られています。先に触れたように、動けなくなったひとが家の外に出たり人前に立ったりするのを嫌がったり避けたりするのが「普通」であるのと同様に、そうした状態にある家族を人前に「出す」ことにも、「恥ずかしさ」や「他のひとに迷惑をかける」と感じてしまうひともいるようです。しかしイクちゃんは、トシちゃんと楽しめるものを探して積極的に外に出て行きます。そうしたイクちゃんの「すごさ」も、トシちゃんが「出てこられること」とともに語られていました。

②「良く」変化している

トシちゃん自身の変化について語った劇団員もいます。そこで語られる変化とは、「喋るようになった」「顔つきがしっかりしてきた」「積極的になった」「明るくなって溶け込もうとしている」というものであり、それらは「良い」変化として語られています。そして、そのように変化した理由は、次のように考えられています。

ひとのなかに出てきてるからでしょ？　お家のなか引っ込んでたら、全然もう、もっともっと暗くなって、最後には寝たきりになっちゃうかもしれないけど。

はじめから見たら、ものすごい上達してる。あれお家にいらしたらだめだわね。

また、そうしたトシちゃんの「良い」変化を、自身の「楽しみ」と感じている劇団員もいます。次に挙げる語りをした劇団員は、毎回、トシちゃんが稽古場にやってくるとトシちゃんのもとへ行き、「あらこんにちはよく来たねー、大丈夫ー？」という声かけをしているといいます。そして「本人も、奥さんも真剣にやってるのに、協力するのがあたりまえ」とも語り、トシちゃんを支えることに自らの役割を見出しています。

奥さんだって、ご主人も、こんなはずじゃなかったわけだから、少しでも戻したいと思って、いろんなとこ連れて行ってる、努力してるわけでしょ。で本人も努力して来てるわけでしょ。それで、初めて来たときはね、大丈夫かな、やってること自体わかるのかな、って思ったの。来てこう（＝椅子に座ったまま顔を下に向ける動作）なって、なったままで。今そうじゃないのよね。あの、顔つきも変わってきてるのね。ものすごく楽しみ、だから、毎回。

③トシちゃんだからこそできる表現がある

②のように、脳梗塞後遺症によりできなくなったことができるようになっていくことに重きを置いた語りがある一方、自分たちにはできないような表現ができる存在としてトシちゃんを捉える語りもみられます。第3回公演の「薬局」のフリーシーンでトシちゃんと共演したみーちゃんは、次のように振り返っています。

このひと（＝トシちゃん）の地が見えてすごく私は良かったと思う。何か、取り繕っていないのに、何かこうひとがワーッて、笑わせる、キャラクターというのがね、あの、わざとらしさがないっていうか。（…）だってやっぱり人前で何か演じるんだから、（私は）やっぱりちょっと気の利いたこと言いたいな。だけどさ、もうこのひと素のままで。［2016年8月、みーちゃんへのインタビュー］

そして、みーちゃんの語った「わざとらしさがない」「素のまま」といったトシちゃんの舞台への立ち方は、「トシちゃんだからこそできる表現」へと結びついていきます。ある劇団員は、「あの独特の間《ま》と雰囲気」はトシちゃん以外にはできないものだといい、トシちゃんの「わかんない」というセリフを「おもしろかった」と語っています。別の劇団員は、第3回公演の前には「会話にならないんじゃないか」とトシちゃんを「心配」していたそうですが、同公演でのトシちゃんのパフォーマンスを観て、「なるほどそういうやり方があるのか」と、インプロでの新たな表現方法を発見するに至ったといいます。

あの方（＝トシちゃん）が、素直にね、あの、答えを出したから良いんじゃないかなと。（…）彼はそのぐらいしか言えないんだろうと思うんですよね。でもそれがかえってウケる。

こうした語りから垣間見えるのは、トシちゃんが「わかんない」としか言えない、すなわちトシちゃんが意図的にそのようにしたのではなく、それ「しかできなかった」と、観ていた劇団員たちは感じたということです。しかし、「しかできなかったこと」がマイナスに働かず、「しかできなかったこと」自体が、自分たちにはできない新たな表現を生み出しているように映っているのです。

④トシちゃん本人の思いが気になる

トシちゃんの参加を否定はしないけれど、関わり方がわからず困惑する劇団員もいました。ある劇団員は、自身が参加した他の生涯学習講座と比べながらインプロの特徴を語るなかで、トシちゃんの存在に触れています。

（インプロには）正解はない、熟練度は関係ない、そういうことで、元気なひとがすごくうまいっていうわけでもないし。お1人、足のお悪い方（＝トシちゃん）いらっしゃいますよね。それでも、あの方、らしいものを、出しさえすれば、即興劇は成り立ちますよね。

そして、このようにインプロの特徴を捉えるこの劇団員は、「どんな形の方が来られても、迷惑だと思うようなことはないだろうと思う」と語り、トシちゃんを包摂し得る考え方がインプロにはあると感じているようです。しかし、トシちゃんが第3回公演で「わかんない」と言う「しかできなかったこと」については、「病気」のため「対話をすることに問題はある」といい、トシちゃん本人がこの場に来て楽しめているのかを気にかけています。

私はせっかくああいう方が入ってらっしゃるなら、ご本人が楽しければぜひという、感じです。そのほうがいろんなかたちでプラスになると思うんですね。脳梗塞のマイナス部分を、少なくとも現状維持か、もうちょっと良くするためには、（インプロは）良い方法だなと思いますけど。

トシちゃんの「わかんないな」というセリフに対して会場から大きな笑いが起こったことや、第3回公演終了後の振り返りで数人の劇団員から出された「おもしろかった」という発言に違和感を覚えた劇団員もいます。

トシちゃんも、その、皆に笑われても、それが嬉しいということなんですかね?

トシちゃんが入って、すぐ、私なんかも笑っちゃったり、するんだけど、でもそれを、嫌にならないでああやって来て。

1つ目の語りをした劇団員には、第3回公演でのトシちゃんのパフォーマンスが、「普段話すことができないひとが一生懸命話したのに笑われてしまった」と映ったようです。2つ目の語りをした劇団員は、インタビュー調査のなかで「嫌じゃないんでしょ、トシちゃんは?」と私に尋ねる場面がありました。このような語りからは、トシちゃんのパフォーマンスに対する共演者や観客の反応をトシちゃん本人がどう思っているのか気になっていることがうかがえます。しかし、失語症のトシちゃんがそれを直接ことばで伝えることはできません。そのため、彼らの気がかりは解消されないままのようです。

トシちゃんをめぐる語りにみる「老い」のイメージ

以上、くるる即興劇団に参加し始めたトシちゃんをめぐる劇団員の語りは、①出てくるだけでもすごい、②「良く」変化している、③トシちゃんだからこそできる表現がある、④トシちゃん本人の思いが気になる、という4つの視点からなされていました。ここから、劇団員たちが「老い」に対してどのようなイメージをもっているのかを考えてみたいと思います。

最初に確認したいのは、トシちゃんの参加を否定した劇団員はいなかったということです。今回のインタビュー調査でトシちゃんについて語った劇団員のうち、①②③の語りをした劇団員トシちゃんという存在をポジティヴなものとして捉えています。対して、④の語りをした劇団員は、ポジティヴに捉えられるかはトシちゃん本人の思い次第だけれど、それを確認する術がないために完全にポジティヴに捉えることができていないと考えられます。

①②③の語りに含まれるポジティヴさには、2つの意味がありそうです。

1つ目は、できなくなっていくことをできるようになろうと努力することに見出されるポジティヴさ（〔ポジティヴさa〕と呼ぶことにします）、2つ目は、できなくなっていくこと自体に見出されるポジティヴさ（〔ポジティヴさb〕と呼ぶことにします）です。具体的には、①と②の語りには〔ポジティヴさa〕が、③の語りには〔ポジティヴさb〕が含まれていると言えます。そして、それぞれのポジティヴさには、「老い」に対する劇団員たちのイメージがあらわれていると考えられます。

〔ポジティヴさａ〕で語るひとたちにとって、「老い」とは「抵抗すべきもの」「誰かに迷惑をかけること」であり、インプロとは、「老い」に伴う変化（「低下」「衰え」）に抗い、現状維持または回復させるための活動です。そして、彼らにとってトシちゃんとは「できない存在」であり、トシちゃんがインプロをおこなう意味を、「できなくなったこと」を「克服」するためと捉えています。そして、実際に活動に参加し「良く」なっていくトシちゃんの姿に喜びを感じ、協力してトシちゃんを支えていこうとしています。

〔ポジティヴさｂ〕で語るひとたちにとって、「老い」とは「新たな価値の獲得」であり、インプロとは、従来の「できる」「できない」という価値観を超えて「できなくなるからこそ」の表現を生み出していく活動です。彼らにとってトシちゃんとは、そうした表現のおもしろさを実感させてくれる存在であり、自身よりも「優れたインプロ演者」と捉えている面もうかがえます。

以上のように、トシちゃんをめぐる語りにみられた2つのポジティヴさには、矛盾した「老い」のイメージが含まれると考えられます。しかしながら、これら2つのポジティヴさの両方を含むかたちで語った者も少なからずいます。それは、一方でトシちゃんの「新たな表現」のおもしろさを肯定しながらも、自分自身はできるならば「老い」に抵抗したいという思いも他方では持ちあわせているとも言えます。

トシちゃんの参加を可能にするもの

トシちゃんのような身体をもつ高齢者の学習の場への参加は、あまりみられないようです。実際、劇団員へのインタビュー調査で、私から尋ねたわけでもないのにトシちゃんについて多く語られたというのは、そうした現状の一端を示しているように思われます。では、なぜトシちゃんは、くるる即興劇団の活動に参加することができるのでしょうか。

これまでの検討を踏まえ推察できるのは、〔ポジティヴさａ〕とその背景にある「老い」を抵抗すべきものと捉えるイメージのみで成立する学習の場にトシちゃんのようなひとが参加するのは難しいのではということです。〔ポジティヴさａ〕のようなイメージで「老い」を捉えるひとたちは、もし今後自分が老いていき、できなくなったとしてもできるように支えてほしい、認めてほしいと思いながらも、できなくなる自分が誰かに迷惑をかけるのではないかと考え、学習の場に足を運ぶことをやめてしまうかもしれません。「〇〇予防のための学習」が「健康な」高齢者を対象におこなわれるように、「健康」でなくなった瞬間、学習者として存在できなくなってしまうのです。そして、〔ポジティヴさａ〕のみで成立する学習の場における学習者同士の関係は、「できないひとをできるひとが支援しなければならない」というように関係を固定化する方向に働きます。そこに、「できないひとができるひとに迷惑をかけ続けている」という「申し訳なさ」が「できないひと」側に生まれてしまうのです。

〔ポジティヴさａ〕のみならず〔ポジティヴさｂ〕とその背景にある「老い」のイメージを有

する学習の場であれば、トシちゃんのようなひとの参加が可能になると考えられます。そして、〔ポジティヴさb〕の創出には、インプロの考え方が効果的に作用しているのではないでしょうか。ある劇団員が「（インプロには）正解はない、熟練度は関係ない、そういうことで、元気なひとがすごくうまいっていうわけでもないし」と語ったように、インプロとは、「正解」が明確でなく、何ができるようになれば上達したと言えるのかなどが曖昧な活動です。言い換えれば、これまでの学習の場で「優れている」とされてきた、流暢に言語や身体を使いこなせるひとが必ずしも「優れたインプロ演者」ではないとも言えます。それが、従来の「できない」こと（＝「老い」）に新たな価値を付与することへとつながっていきます。

「③トシちゃんだからこそできる表現がある」と語ったひとがいたように、トシちゃんはインプロをおこなう上で大切とされる「スポンテーニアス（spontaneous）な状態」のまま舞台に立つことができるのです。スポンテーニアスな状態とは、何かを意識的に生み出すのでなく、何かが自然に生まれてくることを指します。トシちゃんがスポンテーニアスな状態でいてくれることによって、他の劇団員もトシちゃんに頼りながらともにパフォーマンスしていくことができます。すなわち、インプロにおいて、身体が動かなくなることやことばを話せなくなることは支援されるべき対象ではなく、共演者を支えることになり得るのです。

2　トシちゃんとの関係の変容プロセス——ヤッちゃんの語りに着目して

トシちゃんと他の劇団員との関係は、インプロをともに学び続けるなかで少しずつ変容しています。ここでは、トシちゃんの参加初期に「トシちゃんは嫌ではないのか」と気にかけていた劇団員のひとりであるヤッちゃんに着目します。

ヤッちゃんについて

ヤッちゃんは、インプロ講座（２０１４年10月）から継続して参加していて、トシちゃんの参加前と参加後、両方のくる即興劇団の様子を知っています。また、他の劇団員に比べ欠席数が少なく、トシちゃんが初めてやってきた日の稽古にも参加しているほか、定期的に実施しているインタビュー調査にもすべて協力してくれています。これらを理由に、ヤッちゃんに着目したいと考えました。そして２０１７年８月、ヤッちゃんに追加インタビュー調査をお願いしました。追加インタビュー調査では、トシちゃんについて、これまで、そして現在感じていることを尋ねました。

ヤッちゃんが語ったトシちゃんとの関わり

追加インタビュー調査でヤッちゃんから語られたのは、次の4つのエピソードでした。以下、各エピソードを通して、ヤッちゃんがトシちゃんという存在をいかに捉え、いかなる関係を築こうとしてきたのかをみていきます。

①出会いと第一印象

トシちゃんが妻のイクちゃんとともに初めて稽古にやってきた2016年5月16日、ヤッちゃんも参加していました。ヤッちゃんはトシちゃんの第一印象を次のように語りました。

印象として、初めて、お会いしたときは、え、このひと何ができるのか、と思ったんですよ、ね。それで、あの、ことばも出てこないし、歩くことも、できないっていう。

ヤッちゃんが、トシちゃんのことを「できるのか」と思った際に浮かんだのが、自身が初めてインプロを体験したとき（2014年10月）のことだといいます。当時は舞台に立って演じるというよりも、インプロのゲームを体験し、参加者同士のコミュニケーションを図ることに焦点化した活動がおこなわれていました。

最初やったこと、これ（＝インプロ講座）は自己紹介とか、点で、絵を描くとか、生年月日順に並ぶとか、そういうの、手の大きさを比べるとか、そういうの、やりましたね。でも、うん、それ、も、できないのではないかと、心配したんです。それすら、できないんじゃないかと思って、心配したんです、その姿を、見たときに。

インプロ講座でおこなっていた、導入的なゲームや活動「すら、できない」。当時のヤッちゃんは、トシちゃんがインプロを学ぶためのスタートラインに立てていないのではないか、と「心配」に思ったのかもしれません。また、その「心配」は、この場がインプロ（劇団員は「即興劇」と呼びます）を学ぶ場だから生じているともいいます。

即興劇、だからなおさらねそう思ったのかしらね。だって思ったことをことばに出さなきゃ、いけないから。だから、そう、思っちゃったんだよね、できるのかしらって。

インプロは、脚本のない演劇です。そのため、セリフを演者自身がその場で紡いでいかなければなりません。そうしたことから、ヤッちゃんは「できるのかしら」とトシちゃんを「心配」したのです。

②読書会――トシちゃんと共演したいと思ったきっかけ

その後、ヤッちゃんもトシちゃんも、欠席せず稽古に参加していました。ヤッちゃんは、毎回稽古に来るようになったトシちゃんの様子を見て、「できるのかしら」という「心配」が少しずつ薄れていったといいます。というのは、稽古で会うたびに、トシちゃんは何ができなくて何ができるのか、ということが少しずつ具体的にわかってきたからです。

ヤッちゃんがトシちゃんと共演してみたいと思ったきっかけは、2017年1月17日に実施された任意参加の「読書会」でジョンストンの著書『インプロ』[11]（4章）を読んだことだといいます。ここには、著者（ジョンストン）が6歳の子どもに質問することでアイデアを引き出したり、著者と9歳の子どもとが「ワンワード」（複数名で少しずつことばを足して文をつないでいく）というゲームをしたりして、物語を協働でつくりあげていく様子が記されていました。ヤッちゃんは、この箇所を読んだとき、この「子ども」の存在がトシちゃんと重なったそうです。

こっち（＝自分）の、やり方次第によっては、こう、会話が成立するっていうかまぁ（トシちゃんから）ことばが、出てくる、のかなって、思ったんですよ。

すなわち、ヤッちゃんは、自らの関わり方次第でトシちゃんの「できないこと」「できること」が決まるのではと感じ始めたのです。このとき、ヤッちゃんがそのために大切だと気づいた「やり方」は、「セリフを短くすること」と「待つこと」でした。

あれ（＝『インプロ』（4章）の内容）もね、たぶんね、その、教授（＝ジョンストン）は、そんなに長い、ことばでは言ってないんですよね、あのセリフ、的に、あの、その子と。だから、そうか、短く、ね、もう状況説明じゃなくって、短く、やれば、言って、それで、こう少し、待てば、こう、出るのかなって思ったの。

ヤッちゃんは、『インプロ』を最後まで読みましたが、この箇所が特に「すごく自分のなかに残ってる」といいます。そして、そのように思うのは、トシちゃんの存在があるからだそうです。次の語りからは、トシちゃんを「仲間」にしたいというヤッちゃんの思いが読みとれます。

（自分が問いかけのやり方を考えれば、トシちゃんも返事してくれる）かもしれないから、そしたら仲間。仲間っていうか、もっと、あの、彼、彼の、気持ちはわかんないけども、もっとこう、楽しくなるのかなって、思ったんですよ。

③フリーシーン「スナックのママ」——共演時の心がけと新たな不安

2017年2月6日の稽古では、2人の共演シーンがありました。与えられた「お題」は「ス

写真⑱　フリーシーン「スナックのママ」

ナックのママ」。ヤッちゃんがスナックのママ、トシちゃんがそのスナックの常連客の役、なかさんがアルバイトの役を演じることになりました。

トシちゃんと共演したこのシーンを、ヤッちゃんは次のように振り返っています。

　自分が、心がけたことは、なが、長ゼリフに、ならないようにして、で、トシちゃんの手を握り、ね、単語に近い、短いセリフに、したら、したら、答えてくれたんですよね。(…)「サイダー」っていう風に、答えて、くれたんで、あの、嬉しく、自分は嬉しくなっちゃったんですけども、ただそのとき、トシちゃんの顔を、見ても、私の気持ちを、読みとってくれてるかどうかはちょっと、わからなかったんですよね。で私のひとりよがりだったかと思って。で、気になっちゃってね、あの、自分だけ、何かはしゃいじゃって、あれだっ

フリーシーン「スナックのママ」の流れ

発話No.	発話者	即興的に発せられたセリフ
1	アルバイト	いつもご利用いただいてありがとうございます。
2	常連客	はいはいはいはい。
3	アルバイト	ママさんですか？　ママさん今呼んできます。
4	常連客	はいはい。〔アルバイト役退場〕
5	ママ	〔舞台へ登場〕あーらトシちゃん。
6	常連客	はいはい。
7	ママ	しばらくー。〔トシちゃんの右横に座りトシちゃんの右手を握って自分の膝の上に置いて〕ねえ。
8	常連客	うん。
9	ママ	今日、何飲む？
10	常連客	あ、うん何にも飲まない。
11	ママ	それじゃあ私の商売、あがったりになっちゃうからさー。〔トシちゃんの右手を叩きながら〕何か飲んでよー。
12	常連客	〔ママ役のヤッちゃんの手を離して〕サイダー。サイダー。
13	ママ	ねえ、ミカちゃん〔＝アルバイト役の名〕。あのね、サイダー、1本お願いしまーす。
14	アルバイト	〔舞台袖で〕ただいまお持ちいたします〔と言って舞台へ登場〕。お待たせしました。どうぞ。〔トシちゃんにサイダーを渡す動作〕
15	常連客	〔飲む動作をして〕うまい。
16	ママ	味良かった？

17	常連客	うん。
18	ママ	うまかった？
19	常連客	うん。
20	ママ	ここのはね、最高のサイダーなのよ。他に売ってないんだから。ね、だからね、1杯ね、1000円もらいますね。
21	常連客	うん。
22	ママ	…〔2秒沈黙〕。でも、美味しくってさ。で、ね、いつも来てくれるから、ありがとねー。〔再び手を握る〕
23	常連客	うん。
24	ママ	嬉しい。
25	ファシリテーター	〔トシちゃんへの指示〕「ずっと言いたかったことがあるんだ」と言ってください。
26	常連客	ずっと言い、…ことがあるんだ。（＝「たかった」という言葉は表出されなかった）
27	ママ	あったの？ 私に？ 何？
28	常連客	…〔3秒沈黙〕。
29	客席の劇団員	「好きだよ」って〔笑う〕。
30	常連客	…〔2秒沈黙〕。あ、好きだよ。
31	ママ	嬉しい私もそう思ってたんだから、嬉しいー！〔完、約2分間〕

たかなと思って気になっちゃったの、自分がね、自分だけ、できたみたいな感じで、はしゃいじゃって。

ヤッちゃんは、自身の心がけによってトシちゃんから返事となるセリフが出されたことを「嬉しい」と語っています。しかし一方で、そこに新たに生じた「不安」も読みとれます。それは、トシちゃん本人がどう思っていたのかということです。しかしヤッちゃんは、トシちゃんには「あんまり表情がない」ため、その思いを「読めない」といいます。そこでとったのが、妻のイクちゃんに聞いてみるという方法でした。

顔見たってわか、あんまりわかんない、わかんなかったんですよ。だけど、私そういうときって、次回、あの、奥さん（＝イクちゃん）に、トシちゃんがどう、どうだったか、嫌じゃなかったかとか、いう風に、聞くんですよ、聞くんです。そしたらば、そんなこと、なくって、あれだったのよって、言って、くれるとね、何か、安心するんだけど。

ヤッちゃんは、イクちゃんを「本人の気持ちが、一番、わかるひと」と表現し、「奥さんを通じて、確認させてもらってる」と語っています。ヤッちゃんがトシちゃんの思いを「確認したい」と思うのは、トシちゃん自身が「嫌」だと感じる接し方を自分が続けたくないからだといいます。

どんな状況だったか、っていうのを確認したかったの。楽しかったのかなとか、うん、嫌だったのかな、って、いうのを。嫌だったなと思ったら、次は、違う、接し方を、したら良いのかなって思ってね。

④「顔づくり」ゲーム――トシちゃんと活動を楽しむために

ヤッちゃんが語ったエピソードの4つ目は、2017年5月2日の稽古でおこなわれた「顔づくり」ゲームでした。「顔づくり」ゲームとは、インプロのゲーム「2つの点」をもとに私が考えたものです。まず、劇団員を3～4人の小グループに分け、各グループに人数分のA4用紙（半径約10cmの円が1つ印刷されたもの）とサインペンを配ります。そして、用紙内の円を「顔」に見立て、グループのメンバーが順に少しずつ線を足しながらその「顔」を完成させていきます。ヤッちゃんは、同じグループでこのゲームをすることになったときのトシちゃんの様子を次のように振り返っています。

1人ずつにこう、（用紙を）渡したら、「いらねえ」って、いや、「できない」、とか「いらない」とかって言ったんで、（…）嫌だっていうものの無理強いは、あれかなって、思ってたんですよ。

写真⑲「顔づくり」ゲームのデモンストレーション

写真⑳「顔づくり」ゲームに小グループで取り組む様子

そしたら、そうじゃなくて、皆で、こう、描き入れ、描いてくっていったら、もう、（トシちゃんが）スイスイスイスイ、もう、どんどん、描き入れて、こうやって回してってくれたんで。

ヤッちゃんは（そしておそらくトシちゃんも）、用紙とペンが配られた時点では、1人1枚ずつ絵を描かなければならないと思ったようです。そしてヤッちゃんは、それを理由にトシちゃんがゲームへの参加を拒否したのではと考えました。しかし、その後デモンストレーションがなされグループの皆で1枚の絵を描くとわかったとき、トシちゃんも用紙を受け取ってくれたといいます。ヤッちゃんは、トシちゃんがこのゲームに参加できた理由を次のように考えています。

（トシちゃんは）ちゃんと、つくりあげなきゃと思ったんじゃないの？　その顔、顔を、「変顔」なら「変顔」を、1人で、つくりあげなきゃって。（…）たぶんね、1人でっていったら自信がないっていうか、じゃなかったのかなって、思うのね。（…）むしろ、「変顔」だったから良かったのかもしれないね。それじゃないと、あの何、何か、私なんかも、ほんと絵描いてくださいなんていうと、苦手だから。（…）で、誰が描いたかわかんないのも良いよね。ね、この耳誰が描いたの、わかんないじゃないですか、もうこういうふうに、回してるうちに。

このようにヤッちゃんは、誰かと一緒に1枚の絵を描くこと、上手に正しいものを描く必要がないこと、誰かの線と自分の線とが混ざりあい自分がどこを描いたかわからなくなっていくこと、などをトシちゃんが参加できた理由として挙げています。これらは、ゲームの進め方に付随する理由ですが、加えてヤッちゃんは、グループ内に「リーダーがいなかった」ことも理由のひとつと考えています。

描くときは、やっぱりリーダーはいらないと思ったの。うちんとこはリーダーがいなかったから、割と、どんな、2つ描こうが3つ、そんなに、「1個でいいんだよ！」とかさ、言わないでね、もう気の済む、ままにね、1個のひともいれば、3個ぐらい、描くひとも、いるんだけど、別に、それは、「1個だけ！」って、決めてるんじゃないから。

ここでヤッちゃんの言う「リーダー」とは、ゲームをルールどおりに進行しようとするひとを指すようです。また、「急がせてはいけない」こともトシちゃんの参加のために重要と考えています。ヤッちゃんは、自分の「老い」の状態と重ねながら、次のように語っています。

急がせてはいけないと、思った、私自身もそうですけど、なかなかこう、急いで、やるっていうのだんだん、苦手に、なってきますよね。

またヤッちゃんは、この「顔づくり」ゲームで一緒のグループになったことを通して、「トシちゃんを中心にしたい」と思うようになったといいます。

そう（＝トシちゃんを中心に）すると、何か、もっと、やれることが増えるのかなって。トシちゃんが、やれることが、増えるのかなって、思う、思ったんですよね。（…）トシちゃんを、こう、輪のなかに、入、入れて、それで、決めてったら、良い、良いのかなと。

すなわち、トシちゃんの「できること」から出発することで、トシちゃんが「できないひと」として参加しなくても済むのです。またこの頃には、ヤッちゃんのトシちゃんの気持ちの読みとりにも変化がみられます。

それから、何か、こう顔見てると、嫌々でなく、参加して、いると思うんですよね、トシちゃんがね。来るのが、嫌だなとか、笑われたら嫌だとか、そういう感じじゃなくって。

ヤッちゃんは、かつては自身の言動をトシちゃん本人がどう思ったのか「不安」を抱き、妻のイクちゃんに「確認」していました。しかし、活動をともにするなかで、トシちゃんの表情を読みとろうとするようになっていったのです。

ヤッちゃんに生じた変化とトシちゃんという存在の受容

4つのエピソードからみえてくるのは、ヤッちゃんが、出会ったときに「できないひと」というイメージを抱いたトシちゃんという存在を（①）、インプロでの共演者との関わり方をヒントにしてトシちゃんとの関わり方を変えることでトシちゃんの「できないこと」が「できること」になり得ることに気づき（②）、そうした関わり方を実践するようになった（③④）という、ヤッちゃんがトシちゃんという存在を受容していくプロセスです。

次に、以上を踏まえ、出会った2016年5月から2017年8月までの約15か月間、トシちゃんと関わるなかで生じたヤッちゃんの変化に着目して、トシちゃんに出会う前におこなわれたインタビュー調査での語りも参照しながら考察します。

(1)「できない」ことを活かす関わり方と「ルール」の捉え

①で、ヤッちゃんが抱いたトシちゃんの第一印象が「できないひと」だったことが示されました。それは稽古のなかで（他の劇団員のようには）「歩けない」「ことばが出ない」というトシちゃんの姿を見たためです。しかし「読書会」で読んだ本を通して、関わり方を変えれば相手の「できない」ことも「できる」ようになることに気づき、稽古のなかで実践し始めました。

③で示した2人の共演シーン「スナックのママ」をもとに具体的にみていきます。たとえば、発話9の「今日、何飲む?」のように、ヤッちゃんは、トシちゃんにアイデアを出してもらうた

めの問いかけを短くシンプルなものにしています。また、発話15〜19では、ヤッちゃんが最初に発した「味良かった?」（発話16）というセリフを、トシちゃんが「うまい」（発話15）ということばを使ったことから「うまかった?」（発話18）というセリフに言い直していることがわかります。また、ヤッちゃんは、トシちゃんが「うん」というセリフを言えるようにするための間《ま》をつくっていることもうかがえます。④で触れた「顔づくり」ゲームの際にも、「急がせない」など、トシちゃんを中心に据えて進めることによってトシちゃんの「できる」ことを増やしたいと思うようにもなっていました。

　ゲームの「ルール」をいかなるものと捉えるのかも、「できない」ことを「できる」ようにすることに関連しています。次に示すように、トシちゃんと出会う前に実施されたヤッちゃんのインタビュー調査での語りもみると、ヤッちゃんのルールの捉えに変化がみられることがわかります。

　２０１５年11月のインタビュー調査で、ヤッちゃんは、当時の稽古でおこなったあるゲームについて、一緒に組んだひとが「理解してない」ためにゲームを楽しめなかったと語っていました。そして、組んだ相手がルールを理解できていないときには、自身が再度説明したけれどその説明も理解されず、結局ゲームをする時間もなくなってしまったのだといいます。ヤッちゃんは、そうしたことが起こらないよう私に次のことを求めました。

もう1回、言ったら（＝ファシリテーターがルール説明をおこなったら）どうですか？　あの、もう1回、あの、ほら、もし、やってて、違ってる、ひとがいたらば、もう1回、途中で、あの、あ、先生（＝ファシリテーター）の目に入ったなと思ったらばちょっと。［２０１５年11月６日］

つまり２０１５年11月時点では、ヤッちゃんは、ルールの「理解できないひと」が理解できるようにするために、全体の流れを中断してでもファシリテーターが正しいルールを再度説明したほうが良いと考えていたのです。しかし、２０１７年5月の「顔づくり」ゲームをめぐる語りをみると、ヤッちゃんは、ルールに従って「正しく」活動を進めていこうとする「リーダー」は不要だと考えています。つまり、ヤッちゃんのルールの捉えが、必ず守られるべきものから、その場に応じて変更していいものへと変化していったと言えます。

(2) トシちゃんの言動（パフォーマンス）を笑うことと「障害」の捉え

ヤッちゃんに生じた変化の2つ目は、ヤッちゃんがトシちゃんの言動（パフォーマンス）を「笑えるようになった」ということです。トシちゃんの参加後に初めておこなわれた２０１６年8月のインタビュー調査の際、ヤッちゃんは、同年4月以降に新メンバーが増えたことに伴い生じた変化はあるかという質問に対し、トシちゃんの名前を挙げ次のように語っていました。

私は今ね、あの、トシちゃんだっけ、やっぱり、トシちゃんが、入って、すぐ、私なんかも、笑っちゃったり、するんだけど、でも、それを嫌にならないでああやって来て、あの、えっと雰囲気っていうか、あれは、(3月までの劇団の雰囲気と) 違うんじゃないかなーって、思うんですけどね。[2016年8月12日]

この「笑っちゃったり、するんだけど」という表現や「それを嫌にならないでああやって来て」という表現には、トシちゃんの言動を笑うことに対するヤッちゃんの後ろめたさが感じられます。そして、この次に実施した2017年3月のインタビュー調査では、ヤッちゃんは、トシちゃんの言動を笑うことについて次のように語っています。

(トシちゃんが初めて稽古に来た際どのように感じたかという質問に対して) あー、え、だい、大丈夫?っていうか、えっ、何か「えっ!?」っていうような、感じだったんですね。それで、やっぱり私、あの、笑えなかったのね、うん、ほんと。(...) 何かその障害を笑うみたいな、感じになって、笑え、なかったんだけども。[2017年3月8日]

当初ヤッちゃんがトシちゃんの言動を笑えなかったのは、それを笑うことを「障害を笑うこと」だと思っていたからということのようです。「障害を笑うこと」に後ろめたさを感じるのは、「障害を笑うこと」でトシちゃんを「傷つけるんじゃないか」と思ったからだといいます。「傷つける」と思うのは、トシちゃんの「障害」は、トシちゃんが望んで得たものではないという考えが背景にあるからではと考えられます。

トシちゃんの言動が引き起こす「笑い」は、本人がどこまで意図しているかわからないコミュニケーションの「ズレ」から生じていると言えます。トシちゃんの言動がそれを見たひとによって捉え方が変わるのは、トシちゃんが皆を笑わせようと思ってそのように意図的にしているのか、本人が望まない「障害」（脳梗塞後遺症）によってそのように「しかできない」のかを、見るひとが明確に判断できないためだと考えられます。

ヤッちゃんは、出会った当初トシちゃんを「できないひと」と捉え、それはトシちゃんが望まない「障害」をもってしまったためにそうなっていると考えていました。しかし、約15か月間活動をともにするなかで、トシちゃんに「一番笑わせてもらってるかもしれない」と語るようになっていきました。

自然に出るじゃないですか、あの、意識して（＝笑いをとってやろうと思って）、やろうとかそういうんじゃ、ないと思うのよね。

ヤッちゃんがトシちゃんの言動や舞台上でのパフォーマンスを笑えるようになったのは、右の語りにみられる「自然に出る」という表現が示すように、コミュニケーションの「ズレ」が、トシちゃん本人が望まず付与されてしまった「障害」によって引き起こされているのではなく、そうした「ズレ」を引き起こす「障害」なるものもトシちゃんなのだと思えるようになったからではないでしょうか。

コラム(3)——在宅インプロ「出張稽古」の試み

写真㉑ 出張稽古でのトシちゃんとイクちゃん(撮影:江戸川カエル)

くるる即興劇団の写真を結成当初から撮り続けてくれている写真家、江戸川カエルさん。彼女とともに、2017年7月31日の第5回公演のチラシのメイン写真にトシちゃんの写ったものを選びました。トシちゃんと皆は、公演でどんなパフォーマンスを見せてくれるのだろうと、楽しみにしていたときのことです。公演当日の朝、イクちゃんからメールがありました。数日前、トシちゃんが転倒し、大腿骨を骨折してしまったようです。そのため、今回の公演には参加できないとのことでした。「またくるるに復帰できる事を目標に」とメールには記されていました。約4か月後、トシちゃんは退院するも、車いす生活になりました。「車いすのまま稽古に来てくださいよ」と言えるほど、車いす生活は簡単ではありません。イクちゃんが重い車いすのままトシちゃんを自動車に乗せて、稽古場まで運転して行かなければならないのです。このことをきっかけに、2人は稽古場に来られなくなってしまいました。

家から稽古場に来られないのであれば、家が稽古場になればいいのではないか。2018年4月、私はイクちゃんに電話で「出張稽古」の計画を話してみました。イクちゃんも、お家に皆が来て稽古することを快諾してくれました。そして、春と秋の2回、トシちゃん・イクちゃんのお家での「出張稽古」を続けるようになりました。

会場は、トシちゃんとイクちゃんのお家のリビング。その隣にはトシちゃんの寝室もあり、リビングからはトシちゃんのベッドも見えます。リビングの向こうには素敵なお庭も。私たちは、お庭を贅沢な舞台背景に、インプロの稽古を始めました。

「出張稽古」は、普段の稽古と同じように進められます。最初にウォーミングアップとして、体操をしたり、声を出したり。そして、「フリーシーン」。参加者の名前カードを「くじ引き」に、当たったひとが舞台に立って、出された「お題」をもとに物語をつくっていきます。そして、最後はいつもの「振り返り」の時間。やってみて思ったことを自由に語りあいます。

「出張稽古」を通して、インプロというのは、ほんとうに、その場の雰囲気に影響を受けるものだなぁ、と思いました。その日集まったメンバー、その日の稽古場の環境、雰囲気。「出張稽古」では、普段の稽古では生まれなかったような特徴的なことがいくつもありました。

写真㉒ 出張稽古でのフリーシーン（撮影：江戸川カエル）

「手みやげ」から生まれたゲーム

初めて「出張稽古」をおこなった2018年5月22日、参加したチキバンが「手みやげ」として絵本を持ってきました。その絵本は、いろいろな「顔」の輪郭が描かれていて、付録としてついている目や鼻などのパーツを自由に並べて「顔」をつくるという、「福笑い」のようなものでした。誰かのお家にお邪魔する、ということがなければ「手みやげ」を持っていくということもありません。せっかくなので、その絵本を使って遊んでみることに。誰かが自由にパーツを並べて「顔」をつくり、その「顔」（多くの場合、「ヘンガオ」）を他の劇団員がまねしてみる。とてもいい「顔」のトレーニングになりました。

疲れたらベッドへ

「ベッドがある」ということも、お家で稽古をする良さのひとつです。疲れたら、いつでも横になる

写真㉓ フリーシーン「スナックのママ」(出張稽古バージョン)

ことができます。実際、トシちゃんは、稽古のあいだ、イクちゃんに支えられて隣の寝室にあるベッドに腰かけにいき、そこからリビングの稽古の様子を眺めていました。そして、気が向いたら、また、リビングに戻ってくるのです。

フリーシーンで「この家」という設定が出る

ファシリテーター：お客さんから場所のアイデアを。
イクちゃん：(隣の部屋のベッドにいるトシちゃんに)場所、場所、場所。
あいばちゃん：場所どこにしようかー?
トシちゃん：ここでいい。

これからおこなうフリーシーンの「場所」の設定

を出してもらうとき、トシちゃんから「ここ（＝トシちゃんとイクちゃんのお家）」という設定が出されました。この日は、イクちゃんがトシちゃんの車いすに座り、トシちゃんの役をすることに。車いすの他にも、大きな金魚のいる水槽や、鮮やかな色のゴムボール、ご家族の写真など、お家にはいろいろなものがあります。そして、それらが普段の稽古では絶対出てこないような設定をインスパイアしてくれるのです。

小さな空間のやりやすさと、リスキーなアイデア

「家のリビング」という小さな空間は、普段の稽古場（会議室）とは異なる環境です。大きく違うのは、その広さ。「舞台」と「客席」もいつもより小ぢんまりと小さなものとなり、演者と観客の距離も近くなります。人数も、稽古場ほど多くは入れません。そのため、たとえ「舞台」側に立ったとしても、いつもより「見られる」感覚は薄くなります。声の大きさも、「大きな声を出さなきゃ」と気にしなくても済みます。まさに「アットホーム」な空間が、「家のリビング」を稽古場にすることで生まれるのです。

そして、そうしたアットホームな空間は、普段とは違うアイデア、特にリスキーな設定を生み出します。113ページでも触れた、ヤッちゃんとトシちゃんによるフリーシーン「スナックのママ」はシリーズモノとして定番化しつつあります。2019年6月18日の「出張稽古」でも、「スナックのママ」をやることに。この日は、めっきり来なくなってしまった常連客にママがその

理由を問いただし、奥さん（「リアル奥さん」のイクちゃんが演じました）が乱入して修羅場に、という、いつもよりリスキーなものになりました。

＊　＊　＊

「出張稽古」の取り組みはまだ始まったばかりです。いろいろな良さもあれば、同時にいろいろな課題もあります。けれど、歩けなくなったら「終わり」、ではない。「できなくなること」によってそれまでの活動や、つくりあげてきた関係性がストップすることのないような学びの場を、これからもつくっていきたいと考えています。

第5章 インプロがひらく〈老い〉の創造性

最終章となるこの章では、この本のまとめとして、くるる即興劇団のファシリテーターをつとめてきた「高齢者でない私」の立場から、高齢者インプロ実践のおもしろさとむずかしさについて記述します。また、インプロを学ぶことが高齢者の老いのイメージを変容させるのかという問いをめぐって、「関係論的な学び」「支援・被支援関係の固定化」という概念をもとに考察します。

1 「高齢者インプロ」のおもしろさとむずかしさ
――「高齢者でない私」がファシリテーターをつとめること

老いの意味は、「高齢者」と呼ばれる年代のひとたちとそうでないひとたちとのあいだでいかに共有可能で、いかに相容れないのでしょうか。ここでは、劇団員とファシリテーター（筆者）の関係性に焦点を当て、くるる即興劇団に関わってきたファシリテーターの視点から、この実践の意味を省察し再構成していきます。

特に「呆け防止」をめぐって、「老いの当事者」である高齢劇団員とインプロ実践を介して関わっていくなかで、「高齢者でない私」であるファシリテーターの老いの意味がいかに変容したのかという点を中心に描いていきます。

「高齢者」を「できないひと」にしないために

2014年、豊四季台団地でインプロ講座を始めたとき、まず驚いたのが申込者の年齢の高さでした。参加条件を「高齢者」としたわけではありませんでしたが、平日午前中という時間帯の設定もあり、参加者は「高齢者」と呼ばれる年代のひとたちが中心となりました。私自身も、そうなるのはある程度想定し、60~70代くらいの方が関心をもって来てくれるかな、とぼんやり思っていました。しかし実際には、70代後半から80代の方が大半。名簿を見て参加者の年齢層を知ったとき、正直、戸惑いも生まれました。というのも、私が「高齢者」でないひとたちと今までやってきたインプロのやり方と同じようにやってうまくいくのか心配になったためです。そのときまず頭のなかに浮かんだのは、ゆっくり進めよう、大きな声で説明しよう、座ってできる活動にしよう、複雑なルールのものはやめよう、という考えでした。

なぜこのように思ったのかと今振り返ると、その背景には、私自身の祖父母の存在があるように思います。インプロ講座の申込者の多くは祖父母(1933~1938年生まれ)と同年代だったため、祖父母とインプロをやるなら何ができそうか、できなさそうか、と考えていったのです。

インプロ講座が始まりファシリテーターをつとめるようになったとき、私は、可能な限り多くのひとが無理なく参加できそうなゲームを選ぼうとしました。しかし、「このゲームはできないのでは……」といった先入観は、私のファシリテーションを窮屈にしていきました。そして回を重ねるうちに、私は、自分の「高齢者に対する偏見」によって彼らの学ぶ機会を制限し、奪っているのでは、と思うようになりました。

たとえば、杖をついて会場にやってきた参加者を見たとき、立ったり歩き回ったりしなくてもできそうなルールのゲームを選択すること。咄嗟にことばを出すことに不安を感じている（と私が判断した）参加者が舞台に上がったとき、喋らなくても成立し得る役（たとえば、夫婦喧嘩をして口を利かなくなった夫など）を与えること。もしかしたらそのひとは、ほんとうはもっと立ったり歩き回ったり、舞台上で喋れるようになりたい、と思っているかもしれないのに……。

私が、できるだけ多くのひとができるようにと「配慮」し、彼らの身体的・認知的特性の「できなさ」を勝手に「判断」し、「できないこと」「できなくなったこと」を目立たなくさせるように振る舞うことは、はたして良いものなのかと悩むようになったのです。

とはいえ、私は逆のこと、つまり「配慮」なくインプロをおこなって、参加者を「できないこと」「できなくなったこと」に直面させ傷つけてしまうのも怖かったのです。インプロを通して、参加者に「やっぱりできなかった」「もうだめかもしれない」と思わせてしまったらどうしよう、そのとき自分はファシリテーターとして責任を取れるだろうか。そうしたことを常に恐れながら講座を進めていました。

「皆に迷惑をかける」と言い、来なくなったかめじい

初回のインプロ講座から参加していたかめじいというひとがいます。かめじいは、当時87歳で男性参加者の最高齢でした。２０１４年10月29日、初めての講座の終了間際の「振り返り」の時間。皆の前でかめじいは次のように言いました。

あのー、皆さんの顔見てるとね、顔の表情が今日違うんですよね。他の講座ではこれが見られません。私、ここ、来る前にちょっと、胸がいくらか、即興劇これどういうこと、させる講座かなっていう、頭があったから、ちょっとどうかなーと。というのが、まぁ来たんだけどね、結局ねあの、結論から申すと、身体を使って考えて、お喋りできるという、すごく、まぁあの、あのほら、私が一番年寄りだと思いますが、そういう点で、呆け防止という点からいつも考えてるんだけど、そういう点ですごく良い。それから楽しいんですよ、まずね、楽しい。それから最後にコミュニケーション、こんな3、４人（＝振り返りの小グループ）だけど、皆よく顔見知りになりましたよね、素敵なあの。私もこの頃年だからできるだけ呆け防止という、講座たくさん受けて、ここ（＝柏地域医療連携センター主催の講座）へも毎月来てます。で、それから東大のこのあのー、うーん、何ですか、あれ（＝くるるセミナーの他の講座）でもお世話になって

来てます。ですが、これは今日最高に楽しい。［2014年10月29日、講座でのかめじいの発言］

このかめじいの発言は私にとってとても嬉しく、今思えば、このかめじいの発言が、高齢者インプロ実践を続けようという私の原動力のひとつになっていると感じています。しかし、講座最終日の11月12日、早めに到着したかめじいは、自身の耳の状態を「わかってもらわないと皆さんにね、こないだちょっと迷惑かけちゃったから」と、皆の前で少し話す時間がほしいと言いました。私は、迷惑なんて誰も思ってないから言わなくてもいいんじゃないかな、と思いながらも、かめじいがそうしたいのならと、その時間をとることにしました。そしてかめじいは、皆の前に立ち、次のように話し始めました。

あのおはようございます。（自分は）○○（＝かめじいの本名）というおじいちゃんですが、皆さんにちょっとお願いがありましてね。この前皆さんに大変迷惑かけました、ちょっと耳が遠いんです。補聴器してるんだけど、それでもあのー、聴き取れない場合もあるので、皆さんについていけない場合もあるかもしれません。だからちょっと常時目が回っているような、めまいしてるような。まぁ、話聴くとか、身体もそこまで動けない。だけど自転車も乗ってますから。だから大丈夫なんです。そんな状態で、おじいちゃんが。ほんとはね、迷惑かけるから今日休もうと思ったんですけど、もうやっぱ皆さんに会いたいのと、もうひとつは、あの、先生

（＝園部）が、今実験できれば、博士号取るための実験でされてると思うんですね。そしたらこのおじいちゃんもやっぱりいたほうが良いんじゃないかと、こういう社会ですからね、もう、高齢者の社会ですから、これが普通じゃないかということで、すみませんよろしくお願いします。あの、皆さんに迷惑かけてしまうかもしれないけどよろしくお願いします。［２０１４年11月12日、講座でのかめじいの発言］

今、この約３年間の実践過程を振り返っている私は、このかめじいの発言を改めて聴き直し、インプロに参加する「高齢者」を私がより多様に捉えられるようにするために言ってくれたものなのかもしれない、と思っています。「今日は休もうと思った」にもかかわらず講座に来る際には、大きな負担を伴ったのではないでしょうか。そうした負担を引き受けてまで参加してくれたことにはどのような意味があるのか、それを研究としてしっかり考え続けよ、というメッセージなのではと私は受け取っています。

その後劇団化した後も、かめじいは何度か稽古に足を運んでくれましたが、しばらくすると来なくなってしまいました。自分が「できない」ということが、自分が楽しい、やりたいと思っている学習や活動への参加をやめたり、他者との関わりを避けたりする理由になるのだとしたら…。「できない」状態であっても参加できる学習コミュニティや、関われる人間関係をつくりたいと私は強く思うようになりました。

「呆け防止」をねらいとする活動への違和感・嫌悪感

「老い」に伴い自身の身体や認知の能力に不安を抱える高齢者が、他者との関わりを含む学習活動に参加できるようにするにはどのような工夫が必要なのか。こうしたことを考えるために、私は、高齢者のレクリエーションや遊び、ゲームなどに関する本を読み漁りました。しかし、そこに掲載されている多くは、クイズ、パズル、計算ドリル、折り紙、手指の複雑な運動、等々の個人活動でした。そしてそれらのねらいは、「認知症予防」となっていました。

ちょうどその頃、私は別の調査であるデイケア施設を訪問しました。そこでは、こうした個人活動が集団でおこなわれていました。たとえば、クイズの書かれた紙が全員に配られ、しばらく時間を置き、進行役のスタッフさんが前に立って答え合わせをする、というような。素早い反応、「正確」な回答、多くの知識をもつひとが「勝つ」。そうした価値基準で場が進んでいくように感じました。ほんとうはそうではないのかもしれませんが、当時の私にとって、答えを誰よりも早く皆の前で言おうとするひとの姿は「私はまだ呆けていないんだ」と必死で表明しているように映りました。そして、答えを言わない（言えない）ひとは、申し訳なさそうに、ことばを発さずにその場にい続けているように見えました。私は、こうした「認知症予防」をねらいとした活動を集団でおこなうことが、既に自らの認知能力に自信をもてないひとの不安をさらに煽るように働いてしまうのではと思うようになりました。

「認知症予防」、「高齢者」と呼ばれるひとたちのことばでいう「呆け防止」には、高齢者を

「できないひと」「これからできなくなっていくひと」と見なし、「できるようにする」「これ以上できなくならないようにする」ことを「良いこと」とする価値観が含まれているのではないか。そんなことを考えるようになったとき、私は、インプロがそのための道具になってしまうのを恐れました。「認知症予防」「呆け防止」のためにインプロは効果的ですよ、という説明は、できなくもないです。実際、インプロには「認知症予防」のための活動と似た手順のゲームも多くあり、ファシリテーターがそのゲームをおこなう意味づけを「認知症予防」に結びつけさえすれば、インプロはその道具として機能し得ると思います。

しかし、私にはどうしてもそれはできませんでしたし、外から見て「園部は『呆け防止』のために高齢者とインプロをやっている」とは思われないようにしなければ、と考えていました。なぜなら、インプロに参加する高齢者に対して、たとえば私が「インプロで『呆け防止』をしましょう」「『呆け防止』のためにインプロは効果的ですよ」と言うことは、そこに参加する高齢者を「できないひと」と見なすことになってしまうのではないかと思ったためです。

実際、あらゆる高齢者の学習や活動が、「呆け防止」「認知症予防」ということばによって回収され、意味づけされてしまう風潮があるとも感じていました。学習内容（くるる即興劇団の場合は、インプロ）を探究していくためにやっているのに、そうした目的はどこか置き去りにされ、呆けないため、認知症にならないためにその学習や活動をやる、といった感じです。私はただ、皆とインプロをやりたい、このメンバーでしか生まれない素敵な物語を生み出したいだけなのに……そうした思いはなかなか理解されないようでした。

インプロの考え方への共感と「呆け防止」に効果的なインプロ？

では、こうした思いのもとつくられようとしたインプロを学ぶ場「くるる即興劇団」は、劇団員にどのように受けとめられたのでしょうか。

最も嬉しかったことのひとつは、インプロの「失敗」に対する考え方に共感した劇団員が多かったことです。インプロ講座の参加者の特徴として、ほぼ演劇未経験者ということが挙げられます。そして多くのひとは、演劇に関心がありインプロ講座を受講したわけでもありません。「高齢者」と呼ばれる年代のひとであってもそうでなくても、自分にとって未知の世界の新たなことを学び始めるときには「緊張」が伴います。加えてインプロは、これから何が起こるか誰にもわからない演劇でもあります。そのため、インプロでは「失敗」は起こって当然のものと考え、「失敗」をしないように振る舞うのではなく、「失敗」自体にポジティヴな意味が付与されていきます。

「老い」に伴う心身の状態はしばしば「できなくなること」として語られ、それは「失敗」と捉えられる場合もあります。「失敗」自体に意味を見出すことは、「老い」に伴う「できなくなること」にも新たな意味を付与することにつながるのではないか、と私は「高齢者」と呼ばれるひとたちとインプロをおこなう可能性を感じていったのです。

しかし一方で、インプロをなぜ学び続けるのかと尋ねたとき、何人かの劇団員からは、「呆け防止」「頭の体操」「脳トレ」ということばが出されました。なぜインプロが「呆け防止」に効果的だと思ったのでしょうか。たとえば、ある劇団員は次のように語っています。

即、即返答っていうのがね、すごい、頭の、ほんとに、考えないで、ね。だから何が飛び出すかわからないのよね、自分自身も。考えてるときは、これに対してこういうふうに言おうとか、いうあれがあるけど、即でしょ。だから、パッと浮かんだときには、勝負!［2015年3月、ある劇団員へのインタビュー］

右の語りの「勝負」ということばからは、インプロを自分の「頭（脳）のひらめき」を試すものと捉えるようなニュアンスが感じとれます。こうしたニュアンスは、デイサービスにも通う別の劇団員の、「連想ゲーム」をめぐる次の語りからも感じられます。

お年を取ったひとにとってはとっても楽しい時間だと思う、連想（ゲーム）は。だって、社会にたくさん生きてきてますから、たくさんの果物も野菜も、着物でもね、履物でも、見てますでしょ。ですから、なんぼでも出てきそうなんですよね。ところが突然ですと出てこないかもしれません。ですけどもね、これはね、練習したほうが良いと、思いました、頭の体操ですから。私どもの今のデイサービスで、あいうえお、って言わせるんです。あを抜かして、最後に来る、いうえおあ、で今度3番目、うえおあい、とかってね、そういう連想をやらせるんです。

［2014年11月、ある劇団員へのインタビュー］

この劇団員の語りからは、咄嗟にアイデアが出てこないことを「練習」「頭の体操」によって出せるようにすることが望ましいという価値観、そして、デイサービスがそうした「練習」をする場になっていることが読みとれます。実際、劇団化後の稽古でも、発声練習や体操などの「訓練的活動」を毎回入れてほしいという声が出されるようになっていきました。

「訓練的活動」の導入とそれへの不安

毎回の稽古冒頭に体操や発声などを継続しておこなってほしい。こうした劇団員の要望を受け、2015年12月以降の稽古では、こうした「訓練的活動」を取り入れるようになりました。しかし、「訓練的活動」を継続するにあたって不安もありました。その不安とは、思うように身体を動かせないひと、声を出せないひとに目が向くのではないか、そして、もっと動かせるようになるべきだ、もっと大きな声が出せるようになるべきだ、という意見に結びつくのではないか、そしてさらに、「質の高いインプロをすること」を求めて、身体を動かせないひとや大きな声を出せないひとを排除する方向に働くのではないか、というものでした。

写真㉔ 訓練的活動（公演前の発声）（撮影：江戸川カエル）

実際、稽古を重ね、劇団員同士で意見を言い合える関係が生まれてきたこともあり、誰かの演技に対して「もっと声を大きくしたほうが良い」、「もっとオーバーに動いたほうが良い」という発言が稽古中にみられるようになってきていました。私は、思ったことを直接相手に言えるのは良いことだと思いましたが、実際にそのように相手に直接言えるのは「声の大きいひと」「オーバーに動けるひと」であり、身体的・認知的特性からそうしたことが難しいひとは、言われるだけになってしまうという構図ができつつあるようにも感じていました。

また、今振り返れば、当時の私が「訓練的活動」の継続に不安を抱いていたのは、私のなかでの「訓練的活動」が、先に挙げた「認知症予防」をねらいとした活動とリンクしていたからではないかと思います。自分が違和感・嫌悪感を抱いたそうした活動と、これまでおもしろさ・大切さを感じてきたインプロという活動とが、同じものと捉えられてしまうのを避けたかったのかもしれません。

「呆けたくない」という思いの根底にある「他者」の存在への気づき

なぜ「高齢者」と呼ばれるひとたちはこんなにも「呆けたくない」と思うのか。「なぜ呆けたくないんですか」と劇団員に尋ねることを、これまで私はどうしても自分からできずにいました。しかし、出会って3年目の2017年3月、第4回公演終了後に実施したインタビュー調査で、私はある劇団員にそれを尋ねる勇気が出ました。彼女の語りのなかで「呆けたくない」ということばが発されたとき、その流れで尋ねてみたのです。

　できないからね、あんたはオミットするとかね、そういうのは、そういうことするのは大っ嫌いなの私は。うん、できないなりでもね、そうやってね、あの、来るね、あの、気持ち、ね、今日はくるくる（＝くるる即興劇団のことを彼女はときどきこう呼びます）があるから、あ、行かなきゃっていうこの気持ち、それが大事なのよね。

――来る気持ちが大事って思うのはどうして、そう思っておられるんですか?

うん、やっぱし家にいて、閉じこもりしてるよりも、やっぱし外へ出ればさ、歩くし、身体のためにも良いでしょ。呆けも入るし。私も呆け、入ってるんだけどさ。（…）ひととはな、この話するってことも良いことなのよね。うん、頭使ってるんだからね、喋るにはさ。

――何で頭を使わなきゃいけないって思うんですか？

呆けたくないから。

――どうして呆けたくないと思うんですか？

だって呆けたら、自分もかわいそうだし、家族に迷惑かかるでしょ？

――自分もかわいそう？

うん、自分も惨めじゃない、呆けちゃって何もわかんなくなったら。第一家族に、一番迷惑かかるでしょ。それが大きいわよね。呆けてるひとはわからないんだからそれで良いけどさ、言いたいこと言って、良いけども、それを面倒見るさ、家族がね、絶大なるエネルギーがいると思うのよ。［2017年3月、ある劇団員へのインタビュー］

彼女自身に「呆けた」家族を介護した経験があったわけではないそうです。しかし彼女は、呆けると「家族に迷惑がかかる」と考えているのです。私は、彼女のこの語りを聴くまで、「高齢者」と呼ばれるひとたちが「呆けたくない」と思うのは、自分を良く見せたいからだと思っていました。しかし、彼女の語りを聴き、「呆けたくない」という思いがそうした思いからのみ生まれているのではないことを知りました。「呆けたくない」という思いの根底には、家族や友人や周りのひとという「他者」の存在があり、そうしたひとに「迷惑をかけたくない」からこその行動が「呆け防止」だったのです。

また、インプロをするなかで「できないひと」がいたとしても排除するつもりはなくともに活動したいと考えていることを知り、安心もしました。「呆けたくない」という思いを共有している「老いの当事者」だからこそ、そのように思えるのかもしれません。

「呆けてもいいじゃないですか」とも「呆けないようにしましょう」とも言えない

私は、「呆け防止のための道具」としてインプロが意味づけされることに違和感・嫌悪感を持ってきました。しかし、「高齢者」と呼ばれる年代の劇団員と活動をともにし、「呆け」をめぐる思いに触れていくなかで、そのひとたちに対して「呆け」のおもしろさ・豊かさを伝えること、たとえば「呆けてもいいじゃないですか」と言うことも、何か違うのかもしれない、と思うようにもなりました。

それは、私が「高齢者でない」ことも関係していると思います。高齢者が自分自身に対して言う、あるいは高齢者同士で言い合うのならかまわないのかもしれないのですが、「高齢者でない私」が高齢者に対して「呆けてもいいじゃないですか」「呆けはおもしろくて価値ある表現のひとつですよ」と言うのは、どこか無責任さが漂うような気がしてしまうのです。こうしたことは、私自身が、「高齢者と」インプロ実践をつくっているという意識をもっているからであり、彼らの「理解者でありたい」と願っていたことから生まれたのではと思います。しかし、実際に「老い」を充分に実感していない年齢の私にとって、彼らの「理解者」になるのはとてつもなく難しいことであり、やはりどこかでわかりあえないのではないか、とも思ってしまっていました。

しかし、「誰かに迷惑をかけるから」という思いが「呆け防止」に結びついているのだというのは、3年ほど活動をともにすることでようやく少しだけわかった気がしたと思えるようにもなりました。振り返れば、劇団化してしばらくした後に来なくなってしまったかめじいも、「皆に迷惑がかかるから」と語っていました。私は、「インプロを学ぶことで呆け防止をしましょう」と言いたくないのは、今も変わりません。インプロを学ぶこの場だけでも、「迷惑をかけあえる」関係や、自分が「迷惑」と思っていることが「迷惑でなくなる」コミュニティになるようにしたいと思うことも変わりません。しかし、「老いたくない」「呆けたくない」という思いが消えない限り、それは難しいのではないかとも思うようになりました。

ではどう考えていけばいいのでしょうか。現時点での私の出した結論は、「呆け」がもたらす表現も、「呆けへの抵抗」の姿も、どちらも「高齢者」だからこそできる表現なのでは、ということです。「呆け」を「失敗」ではなく新たな関係や表現を生み出す素材として捉えていくのと同じように、「呆けへの抵抗」にもそうした表現としての価値を発見していけるのではないかと考えるようになりました。それは、言い換えれば、私の「呆け防止」の捉えも、くるる即興劇団の活動を通して、個体論的なものから関係論的なものになったと言えるのではないでしょうか。

2　高齢者がインプロを学ぶということ

最後に、高齢者がインプロを学ぶこととはどういうことなのかを考えてみたいと思います。くるる即興劇団の劇団員たちは、インプロを学ぶことによって老いの捉えは変わったのでしょうか。これに対する私の現時点での結論は、次のようなものです。

――インプロを学ぶことは、高齢者のもつ老いに対するネガティヴなイメージを完全に消し去ることはできない。しかし一部、そのイメージをポジティヴなものへと変容させることができる。

ここでは、この「一部、そのイメージをポジティヴなものへと変容させる」ということが何によって促されているのかを、第1章で触れた「関係論的な学び」「支援・被支援関係の固定化」という概念を手がかりにしながら考えていきます。

「関係論的な学び」としてのインプロ

現時点での結論「インプロを学ぶことが高齢者の老いのイメージを一部、ポジティヴなものへと変容させる」のを可能にするのは、高齢者たちが、インプロを学ぶなかで老いるからこそできる表現を発見できるためだと考えられます。そこには、老いを個体論的ではなく関係論的に捉えていくという、アプローチの転換があると言えます。

では、なぜ高齢者は、インプロを学ぶなかで、老いを関係論的に捉えていくことができるのでしょうか。それは、インプロ自体が関係論的ないとなみであるためです。インプロは、確固とした主体と客体があり、それぞれが自分の思いついたアイデアを自己主張的に言い合い、その相互作用によって物語を紡いでいくというもの（＝個体論）では必ずしもありません。インプロでは、演者同士、演者とファシリテーター、演者と観客など、様々な関係のなかで物語が事後的に構成されていきます。演者は、その関係のなかに身を置きながら、関係に影響を受けつつ自らのセリフを紡いでいきます。演者自身もそのなかでいかに言動・表現するかは未知数であり、演者もそこにいあわせたひとたちも、そしてそこでの関係も、常に変化を繰り返していきます。そして、その変化の結果として、終わって振り返ったときに「こういう物語になった」と、そのパフォーマンスの意味が事後的に認識されるのです。

たとえば、第4章（後半）で示したように、当初ヤッちゃんは、脳梗塞後遺症をもつトシちゃんを「できないひと」と捉えていました。それは、トシちゃんが失語症で半身不随という症状を抱え、その症状により自分の思うようにことばを発したり動いたりすることが「できない」というように、トシちゃんの症状（「できなくなったこと」「障害」）をトシちゃんという身体（個体）に帰属するものと考えていたためです。しかしヤッちゃんは、トシちゃんとともに活動し続けるなかで、自身の問いかけ次第でトシちゃんが「できるひと」にもなり得ることに気づき始めます。これは、「できない」ということが個体に帰属して生じるのではなく、そのひととの関係のなかでたちあらわれる現象だと捉えるようになったとも言えます。その結果、ヤッちゃんは、トシちゃんのパフォーマンスのおもしろさや豊かさに気づいていきました。

インプロにおいて生成される物語が関係論的に生み出されるということについて、113ページで取り上げたフリーシーン「スナックのママ」（特に発話9〜12）に基づいて、もう少し具体的にみていきます。

まず、「何飲む？」（発話9）というママ役のヤッちゃんのセリフに対して、常連客役のトシちゃんは「何にも飲まない」（発話10）と返しています。一般に、このトシちゃんの返答は、飲むための場であるスナックの客のセリフとしては「不正確さ」を伴います。しかし、それに対してヤッちゃんが「それじゃあ私の商売、あがったりになっちゃうからさー」（発話11）と即座に返したことで、客席からは笑いが起こりました。ここで起こった笑いは、「不正確さ」を伴うともとれるトシちゃんのセリフを、ヤッちゃんがそのまま受容して返答したからこそ生まれていると言えます。というのも、トシちゃんの「何にも飲まない」というセリフは、トシちゃんが何か物語上の意図がありそのように言ったのか、スナックという場の意味や自分が常連客役を演じるという状況を理解できていないためにそのように「しか言えなかった」のかはわからないのです。そして、後者のように観客が捉えたとき、そのトシちゃんの「できなかったこと」を笑っていいのかという戸惑いが生まれる可能性があります。しかし、このトシちゃんのセリフに対してヤッちゃんが「それじゃあ私の商売、あがったりになっちゃうからさー」（発話11）と即座に返し、トシちゃんのセリフをひとつのアイデアとして受容したことで、トシちゃんのセリフが本人の意図するものか否かを観客に意識される間もなく物語が成立していったと考えられます。

次に、トシちゃんは、手を握って「何か飲んでよー」（発話11）と言ってくるママ役のヤッちゃんに対して若干の恥ずかしさを感じたような動き（ヤッちゃんの手を離す）を見せ俯いたまま「サイダー。サイダー」（発話12）と返しました。一般に、お酒を提供する店であるスナックに足繁く通う客の場合、1杯目にはお酒を注文するのが「常識」であり、ソフトドリンクを頼むというのはあまり考えられません。しかし、インプロのパフォーマンスでは、トシちゃんが「サイダー」と答えたことによって、「この常連客はお酒も飲めないのにスナックにいつも通ってくるなんて、どれだけママのことが好きなんだろう」という物語がたちあがってくるのです（実際、客席から見ていた劇団員から「『好きだよ』って」（発話29）という野次もとんでいます）。

すなわちインプロでは、「常識」と異なる言動が「間違い」「失敗」にはならず、新たな物語や登場人物の関係描写を手助けする素材になるのです。そして、そうしたことが繰り返されるインプロを学ぶ場においては、「できないこと」をもつ参加者の存在自体も受容されていきます。

劇団員の身体や認知の状態は多様です。個体論的に見れば、能力差も大いにあります。しかし、

「関係論的な学び」であるインプロのなかでは、そうした個体の能力差は消え去ることになります。ここに、「できないこと」を必ずしもネガティヴなものとして捉えないような〈老い〉の多様なイメージがたちあがり、それと同時にそれはパフォーマンスとなって表出され受容されていきます。こうしたところに、高齢者が老いをポジティヴなイメージでもって捉える余地が残されていると考えられます。

「支援・被支援関係の固定化」を超えて

第1章でも述べたように、私の問題意識としてあったのは、これまで教育・学習という領域から排除されてきた、いわゆる「健康でない」高齢者、言い換えれば身体的・認知的に「低下」「衰え」が見られる高齢者も含み込んだ学習のあり方を提示することでした。そして、「健康」な高齢者がそうでない高齢者を支援し続けるという「支援・被支援関係の固定化」にならないような関係性を、学習の場でつくっていきたいと考えていました。

結論として述べた「インプロを学ぶことが高齢者の老いのイメージを一部、ポジティヴなものへと変容させる」のを可能にするもうひとつは、インプロがつくり出す関係性が、必ずしも「支援・被支援関係の固定化」に結びつかないことだと考えられます。前節では、インプロが個体の能力差を消え去らせることに触れました。さらに言えば、個体の能力の高低が、そのままインプロ演者としての優劣にはならないのがインプロの世界です。たとえば、一般の学習の場で優位になるような、すぐに情報を把握し対応する能力や、素早く大きく身体を動かす能力、流暢にことばを使いこなせる能力などをもったひとが必ずしも優れたインプロ演者とは限らない、ということです。ここにインプロが「支援・被支援関係の固定化」を阻む理由のひとつがあると考えられます。

なぜインプロが「支援・被支援関係の固定化」に結びつかない関係性を生み出しているのか。このことについて、インプロの実践方法論がもつ考え方や、第3章や第4章で触れたパフォーマンスをもとに、もう少し詳しく考えてみたいと思います。

1つ目は、「スポンテーニアスな状態」が重視されているためです。これは、ジョンストンのインプロの実践方法論の主目的が「人がもともともっている創造性や表現力を引き出す」ことに置かれていることからも言えます。たとえ新たな知識や技能の獲得ができなくなった高齢者であっても、「自然な」状態で舞台に立つことで、そのひとしかつくることのできない物語を即時的に生み出すことができてしまうのがインプロという活動です。

たとえば、第3章の1で登場したおもちゃんは、稽古でおこなったジブリッシュカードの使い方を忘れてしまったけれど、それを包み隠さずそのまま舞台に上がり共演者とやりとりすることで、お客さんを喜ばせることができていました。こうしたことは、第4章の前半で触れた「薬局」のシーンでのトシちゃんの「わかんないな」というセリフとそれに対する共演者みーちゃんの反応も同様です。

「ウマイこと・おもしろいこと言ってやろう」というように、演者が自身を良く見せるようにするための目論見は、すぐに観客に気づかれてしまいます。そして、そうした目論見をもった演者のパフォーマンスを観ると、観客はかえって楽しめなくなったり、笑えなくなったりしてしまいます。インプロの世界では、やり方をきちんと理解できている演者、自らのパフォーマンスを事前に熟考している演者が「一番ウマイ・おもしろい」とは限らないのです。むしろ、右記の劇団員たちのように、そうした目論見なく「自然な」状態で舞台に上がることのできる演者が、観客にとっては「ウマイ・おもしろい」演者となるのかもしれません。

2つ目は、素早く、大きく、美しく動くことのできる身体が必ずしも重視されないためです。ジョンストンのインプロは、1956年、ロイヤル・コート・シアターの劇作家グループの活動において、議論ばかりではなく実際に行動を、という提案から始まっています。インプロのパフォーマンスは、「ことば」（ときにそれは「理性的なもの」）だけでなく、「身体」によっても進められていきます。すなわち、たとえ流暢にことばを操れなくなってしまった場合でも、物語を生み出すことができます。そしてここでいう身体には、素早さやダイナミックさや美しさが必ずしも求められません。

たとえば、第3章の3でみたように、インプロでは、骨折しギブスを巻いていることが出演できない理由になるのではなく、むしろ、骨折しギブスを巻いていることが物語の素材になり、新たな物語が生まれるきっかけになります。また、第3章の4でみたように、仮面を着け、ことばを使えない状態であっても、というより、ことばを使えないからこそ、観客は演者の姿から自由に物語を想像することができます。「ままならない身体」だからこそ、観客がその「間《ま》」に物語を自由に想像する余地を与え、そのことが観客との協働での物語創造へと結実する場合もあるのです。こうしたことも、「老いた身体」だからこそそのおもしろさを実感することへとつながり、老いのイメージの変容に影響を及ぼしていると考えられます。

3つ目は、「その場限り」であるためです。「その場限り」というのは、参加する高齢者、特に自身の身体・認知機能に不安を抱える高齢者にとっては大事なことのようです。コラム（1）でも少し触れましたが、暗記や反復練習が不要なことが「気楽さ」に結びつき、インプロを学び続けられる理由になっていると語る劇団員も多くみられます。また、「その場限り」は、関係性にも影響を及ぼします。「その場限り」というのは、明確に知識・技能などが積みあがり、上達していく感覚をもちにくい状態と言えます。個体論的に捉えると、それは苦しいことかもしれません。学び続けていても、「できた！」「わかった！」という感覚が得られないのですから。しかし、関係論的に捉えていくと、「その場限り」は必ずしも苦しみにはなりません。

たとえば、何人かの劇団員は、舞台を降りた後に「あのときこうすれば良かった」と反省する、と語ります。つまり、パフォーマンスが事後的に省察されていくということです。しかし、個人の認知機能的にそうした省察ができない劇団員もいます。そのひとたちにとっては、インプロのパフォーマンスはその瞬間「のみ」で消えてしまうということになります。一見、ここに「健康」状態による非対称性が生まれるようにみえます。しかし、インプロの場合、たとえ事後的に省察がなされたとしても、その省察を活かして改めて同じパフォーマンスを「再現」できる機会もなければ、自らの「上達」（省察によって個人の知識・技能などが積みあがっていく感覚）を実感・確認できる機会もありません。また、そうした省察ができないひとであっても、舞台に立った瞬間、本人がその場の状況を理解していようがいまいが、それを観るひとには物語が即時的にたちあがります。こうしたことが、「健康」であるか否かという個体論的能力の高低を問わず、参加者のあいだに「フラットな関係」を生み出すことに結びついていると考えられます。

このように、「できる」「できない」といった基準が曖昧なインプロという活動からつくり出される人間関係は、「健康」な高齢者がそうでない高齢者を支えるという「支援・被支援関係の固定化」に必ずしも結びつきません。こうしたことも、「健康」＝ポジティヴな老い、というイメージを壊すことにつながっているのではないでしょうか。

「高齢者だからこそできる表現」を求めて

しかし、インプロを学び続けたからといって、そして、自分たちのパフォーマンスから老いるからこそできる表現のおもしろさを発見したからといって、老いることを完全にポジティヴに捉えるということはできない、ということも、くるる即興劇団の実践を続けてきてみえてきたことです。

インプロを学ぶなかで、自身や他者の「老い」のネガティヴな側面に気づくこともあります。たとえば、アイデアがすぐに浮かばない、共演者のセリフが聞こえない、共演者のやろうとしていることが理解できない、素早く動くことができない、身体を動かしながらセリフを発するという2つのことを同時におこなうことができない…。

そして、インプロが「関係論的な学び」、言い換えれば、他者とともにおこなわれる学びであるがために、自分が「できない」ことによって、協働で物語を生み出すことを妨害するのではないか、という不安が生まれてしまうのです。いくら「支援・被支援関係の固定化」が起こりにくいとは言え、やはり、自分が「できない」ことが誰かに（良くない）影響を与えてしまうと感じてしまうようです。こうしたことは、インプロというある意味で非日常の場を離れ、生活の場に戻ったときに、「自分が呆けたら家族や友人に迷惑をかける」と考える劇団員たちの思いとも重なる面があります。そうした思いがあるからこそ、インプロを「健康づくり」「介護予防」「認知症予防」の道具としても捉えてしまうというように。

したがって、高齢者は、インプロを学ぶことによって、〈老い〉のもつ表現としてのおもしろさや豊かさを肯定しながらも、しかしやはり自分は「老い」たくないという思いもあわせもっていると考えられます。そしてそれは、共存するからこそ、パフォーマンスのなかで常に揺れ動きながら表出されていきます。こうしたところに、「老いの当事者」としての「高齢者」だからこそできる表現の豊かさとおもしろさがあるのではないでしょうか。

おわりに

この本は、博士論文「インプロ実践がもたらす高齢者の〈老い〉のイメージの変容――高齢者インプロ集団「くるる即興劇団」を事例として」（2018年3月、東京大学大学院教育学研究科に提出）をもとに執筆したものです。この本の執筆過程で、いろいろなことが起こりました。特に次の3つの出来事は私に大きな影響を与えました。

1つ目は、博士論文を提出し、この本を書こうとしていたとき、子どもを授かったことです。息子が生まれてからは、「できるようになること」にたちあう連続です。眼をあけた！　表情が出てきた！　寝返りできた！……。「できるようになること」にたちあうのはとても楽しいですし、「もっとこんなこともできるようになってほしい」「私がいなくなってもひとりで生きていけるように」といった親の願いのようなものをもち始めた自分に気づくこともあります。ときには、「○か月で△△ができるって言われているのにうちの子はまだできない、大丈夫か!?」となったり。思えば、お腹のなかに宿ったときから、「妊娠○週で△△がみられるようになる」など、誰かが決めた「基準」をクリアしては安堵することの連続でした。

こうしたことは、「できなくなっていくこと」に新たな意味を付与することをめざしてくるる即興劇団の実践と博士論文の執筆に取り組んできた私にとって、どこか矛盾するような思いを自分のなかに抱いてしまうことでもありました。「できるようになっていくこと」。息子が生まれるまで私は、それとは真逆とも言える世界、「できなくなっていくこと」と向き合い続けてきたのです。しかし博士論文を書き終えた途端、私は息子という存在によって、「できなくなっていくこと」をもう一度捉え直さざるを得なくなってしまいました。「できなくなっていくこと」を中心に高齢者インプロの世界を捉えてきたけれど、高齢者インプロの世界にも「できるようになっていくこと」もあるのではないか、と、また異なる角度から実践を見直すきっかけになりました。

2つ目は、「新型コロナウイルス」の登場です。2020年4月、産休・育休から復帰する私は、息子（という優れたインプロ演者）を連れて、くるる即興劇団を訪れる予定でした。くるる即興劇団は、私の産休・育休中のあいだも稽古が継続されていました。しかし3月、感染拡大防止のため、稽古場として使用してきた公共施設が使用不可に。世の中では、テレワークやらオンライン授業やら、ひととひととが直接会わずに関わりあう方法が広がりました。インプロの世界でも、オンラインでのワークショップや公演など、新たな取り組みが多く生まれています。「直接会えない」ことは可能性も広げました。たとえば、海外の有名なインプロ劇団の公演を家にいながら観られること、ワークショップに滞在費ゼロで参加できること。けれどそれらはすべて、ネット環境を持っているひとだからこそできることです。

劇団員の多くは、スマホどころか携帯電話すら持っていません。もちろん、何もせず、再び稽古ができるようになる日を待つこともできましたが、私は何かせざるを得ないような気持ちになりました。そんななか、新たな取り組みを始めました。「ハガキで即興！」というものです。往復ハガキを使って「お題」を出し、劇団員に返信面にその「答え」を書いてもらい、皆の「答え」を集めた「お便り」を作成して共有する、というものです。現在、東京学芸大学で演劇や表現教育を学ぶ学生さんと一緒に、この「ハガキで即興！」の「お題」を探究中です。

今後、この本で書いてきたような劇団の活動を再びできるようになるのか、正直わかりません。「感染したらハイリスク」と報道される「高齢者」と呼ばれるひとたちで構成されるくるる即興劇団で、はたして今までと同じ「距離感」（物理的にも心理的にも）で、感染を恐れずパフォーマンスできるのでしょうか。そうした不安は残りますが、それでもまた皆と直接会ってインプロができる日をとても楽しみに待ち望んでいます。

３つ目は、私の祖母が亡くなったことです。２０２０年4月6日のことでした。祖母は私の実家から5キロくらいのところに住んでいたこともあり、小さな頃から「ばあちゃんとこ行く」と、私はおばあちゃんっ子でした。大学入学以降、関東に出てからは年に何度かしか会えませんでしたが、２０１６年に地元の三重県に戻り、三重大学で仕事を始めて以降は、結構頻繁に会いに行くようになっていました。妊娠し、悪阻が落ち着いた頃から、私はお昼ご飯を近くのスーパーで買って、祖父母の家で一緒に食べるということをよくしていました。

最近の祖母の口癖は、「86（歳）まで生きる」（なぜなら自分の親が86歳まで生きたから）と、「死ぬときはパッと死にたい」という2つ（前者については、曾孫が生まれて少しゆらいだようですが）。実際、祖母は何の前触れもなく「パッと」亡くなりました。祖母の部屋から日記がみつかりました。日記といっても、B5サイズの普通のノートに、1行ずつ、日付とその日起こったことが書かれているものです。しかも、毎日ではなく何かあったときだけ記しているようなのです。そこには、私が博士の学位記を見せに行ったことも載っていました。振り返れば、祖母は私のことをあまり褒めてくれたことはなかったように思います。外でも、いわゆる「孫自慢」のように私について話していたというのも聞いたことがありません。日記も、「出来事」だけが淡々と書かれているだけで、それでどう思ったのかというのは一切書かれていません。けれど、私が博士号を諦めずに取ったことは、祖母にとっても書き留めておきたいこととして映ったのだなと、その日記を見て感じました。

実は、私が「高齢者インプロ」を実践・研究していることを、直接祖母に伝えてはいませんでした。でも、博士論文を書いて、それを読みやすいかたちにできたら、読んでもらおうかなと思っていました。祖母は、この本を最も読んでほしいひとのひとりでもありました。というのも、祖母は、自分の身体が動かなくなることを、「迷惑をかけること」だと思っていたようだったからです。できれば、「86まで」と言わず（祖母は84歳で亡くなりました）もっと長く一緒にいてほしい。死ぬことを想像したくないから「死ぬときは……」なんて言ってほしくない。孫からしたら、それが本音です。老いることはおもしろい（面もある）、できなくなることは誰かに迷惑をかけることではない、迷惑と思うかもしれないけれど関われるから楽しさが生まれる。祖母はたぶん（絶対？）インプロをやるようなひとではありませんが、この本で書いたこうしたメッセージは、祖母に向けて書いていたことも事実です。もしこの本を読んでくれたとしたら、祖母は何を思ったでしょうか。

＊　＊　＊

博士論文及び本書を執筆するにあたり、本当に多くの皆様からご支援とご指導を賜りました。本書の出版をご快諾いただき、かつ、より多くの方へ届くようにと博士論文のリライトをご提案くださった新曜社の塩浦暲様、編集にご尽力くださった伊藤健太様に、この場を借りて感謝申し上げます。

指導教員の牧野篤先生には、修士課程より約8年間にわたりご指導いただきました。2013年、牧野先生から豊四季台団地での生涯学習実践の機会をいただかなければ、本研究は生まれないものでした。貴重な実践・研究の場を与えていただいたこと、長年にわたりご指導いただいたことに心から感謝申し上げます。実践フィールドをもち、そこで暮らすひとびとと関わることの大切さやおもしろさは、牧野先生から学びました。無計画かつ短期集中型の私の論文指導を、お忙しいなか何度もしてくださり本当にありがとうございました。

私のインプロの先生でもある高尾隆先生には、本研究を遂行するために必要なインプロ実践方法の大半を学ばせていただきました。高尾先生のご著書『インプロ教育』は、私がインプロに出会うきっかけとなったものであり、本研究をまとめる際にも何度も読み返し、非常に参考にさせていただいた大切なものです。高尾先生にも、博士論文の執筆で悩んでいる際に何度も相談にのっていただきました。また、東京学芸大学の高尾ゼミの大学院生・学部生の皆さん、インプロ劇団「即興実験学校」の皆さんにも実践面・研究面ともにご協力いただきました。

なかなか進まない私の博士課程での研究をあたたかく見守り励まし続けてくださった学部時代の指導教員である横浜国立大学の矢野泉先生、学会の研究大会等で何度も私の研究発表を聴いてくださり多くのご助言をしてくださった大阪教育大学の堀薫夫先生、「社会福祉とインプロ」という視点から多くのアドバイスと授業実践の場を与えてくださった日本女子大学の小山聡子先生にも、本研究を支えていただきました。そして、博士論文の審査にあたり、李正連先生、岡田猛先生、高橋美保先生にも大変お世話になりました。

同じ社会教育学・生涯学習論研究室で研究生活をともにしてきた先輩方、同期・後輩の皆からも多くの刺激を受けました。特に、研究室の先輩である荻野亮吾さんには、くるる即興劇団の立ち上げ前から実践面でも研究面でも大変お世話になりました。

「豊四季台くるるセミナー」の運営に携わる柏市福祉政策課の吉田みどりさん、地域支援課の村田修治さん、高野山武さん、柏市社会福祉協議会の髙橋史成さん、くるる即興劇団の稽古場として会場をご提供いただいた柏地域医療連携センターの職員の皆様にも心から感謝申し上げます。

　くるる即興劇団には多くのアーティストの方々、演劇や福祉を学ぶ学生の皆さんにゲスト講師やサポーターとしてお越しいただきました。江戸川カエルさん（カエルさんの写真も本書にたくさん掲載させていただきました）、福田寛之さん、弓井茉那さん、「オシエルズ」の矢島ノブ雄さん・野村真之介さん、「ロクディム」の渡猛さん・カタヨセヒロシさん・小田篤史さん・りょーちんさん、吉田梨乃さん、大川原脩平さん、森安惟澄さん、「AAPA」の上本竜平さん、「IMPRO Machine」の堀光希さん・黒木歩さん・柴田和人さん、直井玲子さん、東京学芸大学「応用演劇実践演習」「演劇教育実践演習」・日本女子大学「グループワーク論」・中央大学「社会教育特講」受講者の皆さん、ありがとうございました。

　日本で先行実践がみられない高齢者インプロ実践を進めていくにあたり、アメリカ・サンフランシスコのインプロカンパニー「BATS Improv」のBarbara Scottさん、介護施設でインプロを活用したアクティビティケアをおこなうMindy Cresonさんには実践のヒントを本当にたくさんいただきました。また、お2人と私とをつなげてくださった木村大望さんとRebecca Stockleyさんにもお礼申し上げます。

　そして、くるる即興劇団で一緒に実践と研究を進めてくれた劇団員の饗場逸子さん、有川万千子さん、池田淳子さん、石川文子さん、到津綾子さん、伊藤藤夫さん、宇田川利子さん、大海房江さん、大森清子さん、小田木澄子さん、亀﨑昇さん、小池美佐子さん、小守和江さん、桜田志和さん、椎木俊郎さん、鈴木幾子さん、鈴木敏夫さん、鈴木泰子さん、滝田節子さん、武田育子さん、戸部義明さん、中島光子さん、中谷弓子さん、中田よね子さん、長田静江さん、中村幸子さん、藤井洋子さん、堀江幸子さん、本田康男さん、松井静枝さん、皆川四夫さん、宮内孝志さん、柳田幾美子さん、矢作靖子さん、湯澤竟子さん、サポーターの岩佐祐義さん。皆さんがいらっしゃらなければ、本研究を進めることはできませんでした。本当にありがとうございます。博士論文執筆後に劇団員になってくれた後田フミさん、鶴田道子さん、山本惠子さん。これからも、くるる即興劇団をともに進めていただけますととても嬉しいです。

博士論文審査中の2018年春に2人、そして本書執筆中の2019年に2人の劇団員がこの世を去ってしまいました。私の執筆スピードが遅かったせいで研究成果をお渡しすることができず、本当に悔しい思いをしました。時間は有限であることを自覚し、「今」を大切に、「安心に老いていくことができる社会の創出」をめざして、これからも実践と研究を進めていく所存です。

最後に、父母をはじめ研究生活をサポートしてくれた家族、「高齢者とインプロ」という本研究のテーマ設定と私の人生に大きく影響を与えている2人の祖父と2人の祖母と曾祖母、そして私に実践と研究の時間と多くのヒントを与えてくれた夫と息子に感謝の意を表します。

２０２０年11月吉日

園部　友里恵

※本研究は、科学研究費・研究活動スタート支援「後期高齢者の包摂を目的とした高齢者インプロ実践プログラムの開発」（研究課題番号：15H06113）、及び若手研究（Ｂ）「高齢者インプロ実践ファシリテーターの熟達プロセスの解明と支援モデルの構築」（研究課題番号：17K13369）の助成を受けています。

注

[1] 鷲田清一（2015）『老いの空白』岩波現代文庫.

[2] 堀薫夫編著（2006）『教育老年学の展開』学文社.

[3] 堀薫夫（2012）『教育老年学と高齢者学習』学文社.

[4] 小熊英二（2012）『社会を変えるには』講談社現代新書.

[5] 牧野篤（2014）『生きることとしての学び：2010年代・自生する地域コミュニティと共変化する人々』東京大学出版会.

[6] 高尾隆（2006）『インプロ教育——即興演劇は創造性を育てるか?』フィルムアート社、及び高尾隆（2010）「キース・ジョンストン——インプロヴィゼーション」小林由利子・中島裕昭・高山昇・吉田真理子・山本直樹・高尾隆・仙石桂子『ドラマ教育入門』図書文化社、pp.76-85を参照。

[7] 園部友里恵（2015）「高齢者の演劇活動の展開——活動のねらいに着目した新聞記事の分析から——」『演劇学論集——日本演劇学会紀要』60, pp.47-67.

[8] ここで扱った内容は、木村大望さんと調査報告「アメリカのシニアシアターカンパニー「Stagebridge」の設立と展開——高齢者を対象としたインプロクラスに着目して」（日本演劇学会演劇と教育研究会（2015）『演劇教育研究』6, pp.48-56.）にまとめています。

[9] 劇団員には、自らの名札に「呼ばれたい名前」として「やっちゃん」と記したひとが2人います。この本では、2人を区別するため、「やっちゃん」と「ヤッちゃん」と表記することにしています。

[10] 劇団員には「ヨーちゃん」と「ようちゃん」がおり、別人です。

[11] キース・ジョンストン（三輪えり花訳）（2012）『インプロ——自由自在な行動表現』而立書房.

著者紹介

園部友里恵（そのべ　ゆりえ）

1988 年三重県生まれ。三重大学大学院教育学研究科特任講師、東京学芸大学教育学部非常勤講師。横浜国立大学教育人間科学部卒業、東京大学大学院教育学研究科博士課程修了。博士（教育学）。専門は、生涯学習論、高齢者学習論、インプロ（即興演劇）。著書に『人生 100 年時代の多世代共生 ── 「学び」によるコミュニティの設計と実装』（共著、東京大学出版会、2020 年）など。千葉県柏市豊四季台団地の高齢者インプロ集団「くるる即興劇団」のほか、学校、地域、教員研修など様々な学習の場でインプロや演劇的手法を用いた実践と研究を進めている。

新曜社

インプロがひらく〈老い〉の創造性
「くるる即興劇団」の実践

初版第 1 刷発行　2021年 3 月 1 日

著　者　園部友里恵

発行者　塩浦　暲

発行所　株式会社　新曜社
101-0051　東京都千代田区神田神保町 3 - 9
電話 (03)3264-4973 (代)・FAX (03)3239-2958
e-mail : info@shin-yo-sha.co.jp
URL : https://www.shin-yo-sha.co.jp

組　版　Katzen House

印　刷　新日本印刷

製　本　積信堂

© Yurie Sonobe 2021　Printed in Japan

ISBN978-4-7885-1708-0 C1074

新曜社の本

応用インプロの挑戦
医療・教育・ビジネスを変える即興の力
T.R.デュデク、C.マクルアー 編
絹川友梨 監訳
A5判232頁
本体2500円

革命のヴィゴツキー
もうひとつの「発達の最近接領域」理論
F.ニューマン、L.ホルツマン 著
伊藤崇・川俣智路 訳
四六判452頁
本体3600円

インプロをすべての教室へ
学びを革新する即興ゲーム・ガイド
C.ロブマン、M.ルンドクゥイスト 著
ジャパン・オールスターズ 訳
A5判232頁
本体2100円

パフォーマンス心理学入門
共生と発達のアート
香川秀太・有元典文・茂呂雄二 編
A5判244頁
本体2400円

表現する認知科学
日本認知科学会 監修
渡邊淳司 著
四六判132頁
本体1600円

本心は顔より声に出る
感情表出と日本人
重野純 著
四六判184頁
本体1900円

老いと外出
移動をめぐる心理生態学
松本光太郎 著
四六判336頁
本体2800円

高齢者のもの忘れを測る
リーディングスパンテストによるワーキングメモリ評価
苧阪満里子 著
A5判304頁
本体4500円

＊表示価格は消費税を含みません。